作文

原来可以这样
轻松写好

吴帅 著

云南美术出版社

图书在版编目（CIP）数据

作文原来可以这样轻松写好 / 吴帅著. —— 昆明：
云南美术出版社，2024.4
　ISBN 978-7-5489-5679-2

　Ⅰ.①作… Ⅱ.①吴… Ⅲ.①作文课—小学—教学
参考资料 Ⅳ.①G624.243

中国国家版本馆CIP数据核字（2024）第090875号

责任编辑：赵昇宝
责任校对：方　帆
装帧设计：新梦渡

作文原来可以这样轻松写好

吴帅　著

出版发行：云南美术出版社（昆明市环城西路609号）
印　　刷：武汉鑫佳捷印务有限公司
开　　本：787mm×1092mm　1/16
印　　张：14.75
字　　数：300千字
版　　次：2024年4月第1版
印　　次：2024年4月第1次印刷
书　　号：ISBN 978-7-5489-5679-2
定　　价：88.00元

成长总会被看见

武凤霞

　　和吴帅相识缘于河南教师成长书院，那时我是小学语文班的导师，吴帅是我班的学员。一次我做完专题讲座后，组织方设计了一个导师和学员的互动环节。当时，吴帅表达了对我的敬慕，希望拜我为师。我觉得就是一句玩笑话，客气客气而已，也没在意。后来我们班的班主任，也是我的好友河南省名师徐文祥说吴帅是认真的，并且正在为拜师仪式做准备。随后，徐文祥还向我介绍了吴帅的大致情况，我才知道吴帅来自一所乡村小学，这些年一直在带着自己班的学生玩写作，他辅导的学生已经在全国各地杂志发表了600多篇作文，自己也笔耕不辍，先后在《小学教学》《教育时报》《未来导报》《德育报》等杂志发表文章70多篇，还经常受邀为作文杂志社撰写作文辅导类文章。徐文祥还说，翻看吴帅的朋友圈，经常能看到他给学生发稿费，发样刊，着实令人羡慕。顿时，我对这个乡村教师产生了兴趣，很自然地我们成了师徒。

　　后来，我们的交流越来越多，也越来越深入。吴帅告诉我他是音乐专业教语文的中师生，初涉教坛手足无措，无从下手。他还讲了自己刻骨铭心的故事：刚毕业时，他教六年级语文，邻居家一个一年级的小朋友问他一道关于拼音知识的题，他竟然不会，但碍于面子，他随便说了一个答案，第二天那个小朋友特意跑到他家说昨天的答案是错的。这件事对吴帅的影响很大，就是从那一刻起，他发誓要努力从书本中汲取营养，拼命扎根成长，慢慢地成了县域内小有名气的老师。也就是从那一刻，吴帅认识到了阅读的重要性，决定带着孩子们阅读。但农村学校缺少图书，吴帅就毅然决然

地自费给学生购买图书，组建班级图书角，十几年如一日，从没有间断。他说他之前在北京、广东的私立学校任教，来回辗转过程中很多贵重的东西都丢了，唯一不舍得丢的就是图书，现如今他已经为孩子们购买了四千多本图书。这种教育情怀怎能不让人感动呢！

阅读是输入，是厚积。吴帅说，书看得多了孩子们的情感就需要找到一个突破口去抒发，写作就是最好的途径，因为写作是输出，是薄发。于是吴帅就决定带孩子们玩写作。这一想法源于他自己的写作经历，有一次无意中他看到孩子作业中有篇课外阅读，激起了他的共鸣，他就结合自己的经历写了一篇文章在一个自媒体推出，引起的反响很大，让他体验到了写作带来的满足感。从那以后，他就产生了写作的想法，渐渐地他的文章也在杂志上刊登了，这让他觉得写作并不是高不可攀的事情。既然写作，就不能够流于形式，要充分调动学生的积极性。怎样才能够调动学生的积极性呢？吴帅说他一直在思考，最终摸索出了十二种调动学生写作积极性的方法，其中，发表是最有刺激性的方法。为了让孩子们的作文能够发表，吴帅煞费苦心，先是从网上搜集杂志社的投稿邮箱，一个一个手动输入邮箱通信录，再通过投稿验证哪些是有效的。现在他的通信录里已经有了将近一百家杂志社的投稿邮箱。

有了发表的渠道，如何让孩子们的作文顺利发表也是一个技术活。于是，吴帅又开始研究发表学生作文的诀窍。现在，他每一个星期整理一次学生稿件，然后有目的地打包发送。用他自己的话说，这也叫布云计划，云布得多了，自然会落下雨的。现在，吴帅的布云计划成功了，他们班孩子发表的一份份样刊就是最好的证明。

最近，吴帅说他打算出一本作文辅导类的书，把他这些年在作文教学方面的经验结集到一块，想请我帮他写一篇序。作为师傅，我自然是大力支持的。当看到文稿时，我被深深地震撼了，我没有想到一个乡村教师竟然在作文教学方面有如此深入、透彻的研究。更何况他还是一个音乐专业的语文老师！作为他的师傅，他这种钻研的劲头让我深感欣慰。

这本书分为两个部分，第一部分的主题是"作文百宝箱"。这一部分

的脉络很清晰，是从作文技巧方面来谈的，其中涉及审题、选材、描写、情节、修改等，主要抓住不同题材的写作方法，通过范例告诉学生如何写好不同的文本。小学生的作文就是在借鉴和模仿中一步一步提高的，这样结合具体的范文一点一点地引导学生写好作文，显得有理有据，很适合小学生学习。但仅仅借鉴和模仿，未免显得缺乏创新和创造，不利于作文提高。显然吴帅想到了这一点，他在不同题材习作讲解之后，又针对学生写作中遇到的瓶颈给出了答案，在"如何让景物活起来""人物就要'活'起来""文似看山不喜平""既要会叙述又要会描写"等章节中，又给出了具体的操作方法。好文章都是修改出来的，如何修改自己的作文，吴帅在"作文修改五字诀"中，以简洁、明了的形式为学生做了讲解；学生写作文最难的就是选材问题，总觉得生活单调乏味，缺少素材，在"作文，你会选材吗"中，吴帅结合自己学生作文中出现的问题，指出了六条选材原则，每一条都具有代表性和实用性。

第二部分是吴帅刚刚写出来的作文故事。这一部分主要是围绕帮助学生打开选材的思路而写的，通过儿童喜闻乐见的童话历险故事来讲解作文的选材方向。吴帅说他今后的写作方向就是作文故事，通过生动有趣的故事把枯燥、艰涩的作文技巧讲出来，让学生在轻松愉悦中学会写作技巧。我觉得这一部分可以单独摘出来，等以后作文故事写得差不多了，可以单独再出书。吴帅说他的很多编辑朋友也是这样想的，但他想把更多有用的东西呈现给小读者，让小读者能够从一本书中得到两本甚至多本书中才能得到的知识。这也是吴帅的一种情怀吧！

这本书整体上给我的感觉是生动有趣，没有抽象难懂的理论，有的是一个个鲜活的故事，一个个真实的案例。书中所用的学生例文都是他的学生在杂志上公开发表的，具有一定的示范性和引领性，小学生读后不仅有助于掌握习作的技巧，还能认识好作文长什么样。

这不仅仅是给学生看的书，也是给广大老师和家长看的书。这本书中的一个个故事，一种种方法，老师和家长也可以直接用来辅导孩子写作文。

成长，总是会被看见的。从这本书中，我看到的不仅仅是吴帅想献给

孩子们的礼物，更看到了他一路成长的足迹。

（武凤霞，江苏省无锡市东林小学总校长，全国著名特级教师，全国模范教师，全国巾帼建功标兵）

真了，就新了

薛峰

　　说起作文，是困扰当今师生的一大难题。都知道得作文者得语文，可尽管我们对作文足够重视，但就目前情况来看，作文教学与写作尚面临诸多困境。

　　在我看来，当下作文教学缺少系统性，没有合理的作文教学规划。语文课本上的几个单元作文远远不够一学期所写，导致部分教师的作文教学很多时候是心之所想，兴之所至，临时拍脑袋命题，一个学期随便安排几个题目，让学生每周写一篇，即算完成一学期的作文教学任务。即使同一个年级不同的班级，也可能因为老师个人的想法不同，学生的作文训练也不同。这种作文教学的随意性，导致学生作文写作在整个小学阶段缺少完整性。

　　再则，教师对学生的写作缺少有效的指导。对如何提高学生作文写作水平，有些语文教师只能提出"多读多写"之类的建议。但读有读的路数，写有写的规律，读什么？读多少？怎样读？写什么？写多少？怎么写？没有一个具体明确的方法和目标。所以出现有些学生尽管读了大量的书、做了大量的摘抄，仍不会写作文的现象。

　　作为语文教师的我们需要反思，自己是不是具备写作能力？语文老师不仅要善于发现、指出学生作文存在的问题，更要给学生提供切实解决问题的办法。有些老师要求学生写作文，但自己本身的写作能力不强，不能感同身受、有的放矢，无法给学生提供有针对性的、有效的修改建议。事实上，要想教学生写好作文，必然要有会写作文的教师。正如我国体育运

动教练员，哪个不是运动员出身？他们都是运动场上的健将、比赛场上的冠军，退役后成为教练员。所以，这就要求我们语文老师要尽量提高自己的写作能力。自己拥有无可争辩的"运动技能"实战经验，加上丰富的理论，才能指导好学生的写作。

在这方面，吴帅老师做出了表率。吴老师喜欢写作，并且写得很好，在全国各级报刊发表过大量文学作品，尤其是近年来认真钻研写作教学，经常受邀为老师们培训，为杂志社撰写作文辅导类文章，拥有丰富的写作经验。近年来，他指导学生写作，方法得当，成绩显著，随手翻阅一些学生报刊，都能看到他所带班级学生的作文，可谓遍地开花。

如今，他把自己指导学生写作的方法汇集成册，必将成为提高学生写作能力的宝典。这本书结构清晰，按照不同类型的作文编排，结合具体的习作例文谈方法，更直观，更有可操作性。无论是写人、写事、写物、写景，还是写说明文、议论文，抑或写信、写读后感、写演讲稿、写想象作文等，这本书都提供了可参考的经验，简洁，实用，给学生有针对性的指导。

当下很多学生写作遇到的最大的难题，就是不会选材。面对一个作文题目，很多学生习惯性发牢骚："没经历过，不会写"，或"这类事太多了，不知道写哪个好"。这是两个相反的极端例子。其实，是学生没经历过吗？不是，是他缺少敏感度，不会从记忆中搜索可用的素材。而那些叫嚷着类似的事情太多，不知道写哪一个好的，是因为他不会选材料，不知道哪些可用，哪些不可用，哪些更典型更有代表性。

在这本书中，吴老师给出了具体的指导。比如在"作文你会选材吗"中，他指出"作文最重要的是写什么，而不是怎么写"。写什么，其实也就是写什么内容，最关键的是学会选材。

那么，选材有什么秘诀吗？我赞成吴老师的"六要"：要新、要小、要熟、要真、要准、要广。单说要"真"这一点，是当下很多学生需要做到的。有些学生一打开作文本就开启瞎编模式，一看就是假的，事情发展不合理，人物言行不合情，语言组织不合规。这样的作文常会闹笑话。作文贵在真，尤其是小学生刚开始写作文，可能语言不够流畅，用词不够优美，结构不

够清晰，但只要写真人、记真事、发真情，那就值得表扬。一个"真"字，能够让一篇作文打动人心，也会让一篇作文很新。因为真实的才是新鲜的，才是独一无二的。

提高学生的作文写作水平是一个长期的过程，功夫大，见效慢，非一朝一夕之功。所以这也要求我们语文老师不能急于求成，也不能拔苗助长，需要我们和学生一起坚持读书，坚持写作，一起打磨，一点一滴提高学生的写作能力。我们既要给学生足够多的耐心，也要教给他们切实可行、行之有效的作文写作方法。

相信《作文原来可以这样轻松写好》会成为老师的法宝，学生的神器，在它的启发下，孩子们的作文会越写越好！

（薛峰，黄淮学院特聘讲师，教育部"十一五"课题组特聘文学专家，2023年河南省最美教师）

其实作文很简单

吴帅

作文其实很简单，你信吗？反正我相信，而且是非常相信！我似乎听到有人在说："又在吹牛了！"我并没有吹牛，而是实话实说。

我是从 2019 年开始带领学生"玩"写作的，记住，我说的是"玩"，而不是"学"，这两个字不仅是写法上的不同，更是心态上的不同。"学"是被动的、是强迫的、是不心甘情愿的，而"玩"是主动的、是自由的、是心甘情愿的，这就是心灵上的认可。

对于语文学科，我知道无论是老师还是学生，最害怕的就是作文。很多学生一遇到作文课就开始愁眉苦脸，痛苦不堪，翻来覆去，咬断笔头，像挤牙膏似的就是挤不出来老师规定的字数，一节课过去了，马上就要交作文了，赶紧翻开作文书，这儿偷一句，那儿套一句，拼接出来一篇"四不像"，完全体会不到作文的乐趣，即使写上一辈子的作文，也只是在完成一种名叫作文的作业而已。

作文写什么呀？生活那么枯燥无味，除了上学，就是吃饭睡觉，这种两点一线的生活早就被写烂了，哪儿还有东西可写啊！这是作文素材的问题。你不觉得这种什么也写不出来的感觉，只要稍微用点心，就是一篇很不错的素材吗？当我把这件事讲给学生听时，立马就有学生写出了一篇《作文啊作文》（事先声明，这篇作文是虚构的，因为这个学生的写作水平很不一般），文中详细地写出了又到了一周一次的课外作文时间，他在头脑中"翻箱倒柜"就是找不到写作素材，趴在桌子上干瞪眼，铅笔头咬断了一根又一根，实在没办法，恳求妈妈给他提供素材，妈妈让他自己想，他

又开始"翻箱倒柜"，又开始狂咬"铅笔头"，实在没办法了，妈妈告诉他一件事，于是，他开启了"挪移大法"，这一篇作文偷一句，那一篇作文偷一句，终于完成了任务。这应该是很多学生的通病吧？

大千世界，无奇不有，为什么那么丰富多彩的生活，到我们的手中就成了"写什么呀"的无话可说呢？是因为熟视无睹，当我们把一切都看成理所当然的时候，我们的眼睛和心灵都被堵塞了，自然就看不到美好的风景，作家刘艳敏说这种现象就叫熟悉的地方没有风景。相反，如果老师在课堂上带领大家玩一个游戏，我想不用老师要求，很多学生都会自觉地把这件事记录下来，因为这种现象不常见，课堂常见的是老师讲课，这种反常激起了你的写作兴趣，激活了你的生活经验。其实，老师玩的这个游戏很可能平时都被你玩烂了，可你仍然觉得有话可说。

有人说生活中不是缺少美，而是缺少发现美的眼睛，而我要说的是还缺少一颗敏感的心。你对生活麻木了，一切都不能激起你的兴趣了，你自然就不会关注到生活中的美了。世界上没有两片相同的树叶，那么世界上可能会存在周而复始的同一天的重复吗？肯定不会！就拿课堂上来说吧，一天七节课，每一节课的内容都不一样吧，即使是同一个老师讲述的同一门学科内容也会不一样的；课间生活每节课也都不一样吧，这节课有个课间操，有两个同学发生矛盾了，差点打了起来，那节课就不可能再次重复；这节课你见到一个低年级的小孩在操场上哭，那下一节课他还在操场上哭吗；今天你看到一个同学迟到了，你有没有想过他可能因为什么迟到，一个同学一进教室头上出现一个大包，你有没有想过他背后发生了什么事情；老师换了新发型，穿了件新衣服，同学某某带来了一盆绿植放在教室里……再说家里吧，今天你是七点起床的，你想到的事情是什么，明天你是八点起床的，想到的还是同一件事情吗；今天你爸爸妈妈吵架了，明天你家里新添置了一种家用电器，你妈妈新买了一部手机，后天你家里来了客人……这是不是都是生活中的素材？生活中总是有源源不断的素材等着你去挖掘，就看你是不是一个有心人，是不是有一颗敏感的心。"世事洞明皆学问，人情练达即文章"，生活处处是作文。

我曾经写过一篇文章，题目就叫"生活处处有作文"，分十二种情况，教大家如何寻找写作素材，在这里就不再一一列举了。

　　作文最重要的是写什么，而不是怎么写。写什么解决的是素材问题，怎么写解决的是技法问题，巧妇难为无米之炊，没有材料，即便是厨艺再精湛的厨师也不可能制作出可口的饭菜。所以当我们遇到一个题目的时候，首先要想的是我可以写什么材料，而不是我该怎么写，只要你觉得有内容可写，时间长了技巧就是水到渠成的事了。

　　写作是一个日积月累的过程，不是一朝一夕就可以速成的。三天不练手生，三天不念口生，这句话同样适用于写作，凡是能够坚持下来的，他的写作水平一定会有一个质的突破，绝对不会出现无话可写的问题。有些朋友经常请我帮助自己的学生或孩子修改作文，还对我说尽量让孩子能够发表，我觉得这很可笑，作文不是做梦，哪可能一夜之间就可以成功呢。这就告诉我们，写作要去除功利化，不要想着发表，要想着提高自己的写作水平，对自己的文字负责，对自己的读者负责。对读者负责，就要对自己的文字负责，不能够去"偷"作文书上的"优秀范文"去应付你的读者，要知道现在科技那么发达，别人一用心你就露馅了。我刚开始学习写作的时候，认识一个编辑，他跟我说要想学写作，首先要修改三百篇稿子，这个三百篇肯定是一个概数，意思是多多益善，当你修改得多了，对文字就有了一颗敏感的心，语感自然也就上去了。那么这三百篇又需要多长时间去完成呢？肯定不是一两天能够实现的吧！我从 2008 年开始尝试给杂志社投稿，但一直石沉大海，我按照编辑老师的话去做了，一直坚持写作坚持修改，果然就在国家级核心期刊上发表了一篇又一篇的稿子，这就叫量变产生质变。作家缺少的是时间，从来不缺少写作素材，普通人正好相反。

　　去除功利化，为玩作文而去写作，你会觉得作文真的很好玩。我有一届学生写作文达到了疯狂的程度，有些人一天能够给我发两三篇作文，有些学生没有微信，没有 WPS，就用手机发短信的形式投稿，还有一个学生做手术住院了，还坚持给我投稿……因为他们体验到了作文的乐趣，是在"玩"作文。

这是一个作文辅导类的小集子，是我为了帮助我的学生（跟着我学习作文辅导的已经走上工作岗位的学生），让他们能够有"法"可依，有"章"可循，为了帮助很多向我请教作文辅导的同行们，给他们提供借鉴，也是为了帮助我现在的学生学会写作文，我花了一个多月，分门别类，按照不同的题材，分二十八个主题写了二十八篇文稿。在这里，我设置了例文赏析和技法点拨两个板块，结合具体的例文，对每一种题材的写法进行了讲解。这二十八篇例文基本上都是已经发表了的学生习作，我想让大家从中去寻找、去发现、去总结：什么样的作文是好作文。技法点拨方面只是我个人的一些见解，囿于本人的认知局限，无法做到全面，权当是一种抛砖引玉吧，相信对大家或多或少会有一些帮助。

当然了，阅读对于写作也很重要，没有大量的阅读就不可能有好的作品出现，有人说一个不喜欢阅读的孩子，就是把天上的神仙请下来也教不好他的作文。阅读是输入、是吸收、是厚积，写作是输出、是消化、是薄发，没有厚积就不可能有薄发。很多学生也跟我说，阅读是写作的源泉，这说明他们都认识到了阅读的重要性，这是好事情。

坚持阅读，坚持写作，拥有一颗敏感的心，从生活这座宝库中寻找素材，带着"玩"的心态去写作，你会发现作文其实真的并不难。

爱生活，爱写作，作文真的很简单，不信你可以试一试！

目录

第一部分：作文百宝箱

01 记事作文如何写 ☆ 002

02 如何让景物"活"起来 ☆ 008

03 如何写好活动作文 ☆ 013

04 如何写好人物 ☆ 019

05 如何写好小动物 ☆ 025

06 如何写好日记 ☆ 030

07 书信如何写 ☆ 036

08 如何写好物品 ☆ 042

09 想象作文如何写 ☆ 047

10 如何写小小说 ☆
053

11 如何写议论文 ☆
059

12 游记如何写 ☆
064

13 如何写故事梗概（缩写）☆
069

14 故事新编如何写 ☆
074

15 既要会叙述，又要会描写 ☆
079

16 如何写导游词 ☆
083

17 如何写好读后感 ☆
088

18 如何写建议书 ☆
094

19 如何写好演讲稿 ☆
098

20 如何写好材料作文 ☆ 103

21 如何写童话 ☆ 108

22 如何写好说明文 ☆ 114

23 如何让一篇没有特色的作文"起死回生" ☆ 120

24 三招，让你把作文写具体 ☆ 124

25 文似看山不喜平 ☆ 127

26 人物就要"活"起来 ☆ 131

27 作文修改五字诀 ☆ 135

28 作文你会选材吗 ☆ 141

第二部分：作文故事——魔幻森林历险记

01 走进魔幻森林 ☆ 148

02 遭遇黑魔法 ☆ 153

03 遇到食物危机 ☆ 158

04 狄小迪失踪了 ☆ 163

05 九条路的选择 ☆ 167

06 救下一只九色鹿 ☆ 172

07 寻找水源 ☆ 177

08 又见魔法兔 ☆ 182

09 "玉面书生" ☆ 189

10 九色鹿的"叛变" ☆

195

11 迷踪沼泽地 ☆

201

12 最后的辩论赛 ☆

208

第一部分
作文百宝箱

1. 记事作文如何写

老爸帮我背黑锅

河南省新蔡县河坞乡戚楼小学　吴雨泽

今天校长突然回来，可爱的老爸帮我背了一次黑锅。

下午我正和老爸在办公室写作业，校长突然进来和老爸聊起了天。我想到那把前阵子由于我前俯后仰压断的破椅子，连忙扭头往墙角看了一眼。从那天起我心里就忐忑不安，生怕被校长发现办公室的椅子被我压断了，别看就这几秒钟的事情，我害怕得连夜里做梦都是这件事，要知道校长可是出了名的人见人怕。

我这一看不要紧，校长随即跟随着我的目光看到了那把椅子。校长不经意地说道："这个椅子怎么断了？我记得咱买的也不是那些十几块的地摊货呀？"看着校长那疑惑的样子，我连忙向老爸投去求助的眼神：爸爸，你可要救我呀！

果然，知子莫若父，爸爸扫了我一眼，就明白了我的意思，笑呵呵地对校长说："再结实的椅子也架不住咱这身板啊，我都不知道你买的是什么椅子，我躺在上面看书，就翻个身的工夫就断了，差点把我的腰摔断！"说完还自嘲般地笑了笑。校长一听也乐了："不说你自己肉多，不运动，还怪我买的椅子差！"毕竟爸爸向来不说谎，他说的话没有人会不信的，于是这场本来属于我的灾难被老爸轻松化解。校长和老爸又聊了一会工作

上的事，就离开了办公室，我也长长舒了一口气。

老爸看了看我，意味深长地说："我知道你害怕校长批评你，所以才替你背了一次黑锅。不过你要记住，没有人喜欢没有担当的孩子，希望下一次你要勇于承担责任，做一个有担当的人。"

我重重地点了点头，以后我一定做一个敢作敢当的人。

辅导老师：吴帅

记事作文也叫记叙文，是以叙述为主要表达方式，以写人物的经历和事物发展变化为主要内容的一种文体。记叙文是小学阶段重要的文体，因此，写好记叙文是小学生习作的一项重要基本功。今天我们就以吴雨泽的《老爸帮我背黑锅》这篇作文为例，来谈一谈如何写好记叙文。

一、叙述完整清晰

记叙文有六要素，即时间、地点、人物、起因、经过、结果。一篇合格的记叙文要做到六要素俱全，六要素完整故事才会完整、清晰，概括起来就是什么时间、什么地点，谁因为什么做了一件什么事，结果怎么样，符合这样的叙述基本上就把一件事讲述清楚了，否则就会让读者不明不白。我在后文"既要会叙述又要会描写"一节中，也提到了叙述的注意事项。

我们来看吴雨泽这一篇作文，时间是今天，地点在办公室，人物有"我"、爸爸、校长，起因是"我"前两天在办公室把一把椅子弄坏了，正好被校长看到，经过是爸爸替"我"背了黑锅，结果是爸爸教育"我"要做个勇于担当的人，整个故事的脉络十分清晰。

二、有一定顺序

要想写好记叙文，写作顺序很关键，常见的叙述顺序有顺叙、倒叙、插叙等，小学生最常用的就是顺叙，当习作水平上升到一定阶段后，会有倒叙和插叙的运用。顺叙就是按照事情的起因、经过、结果，依次叙述。这种叙述方法脉络清晰，有较强的时空层次性，叙述简单，很容易被小学生掌握，我们小学阶段遇见到的记叙文基本上都是这种顺序。倒叙就是根据表达的需要，把事件的结局或某个最重要、最突出的片段提到文章的前边，然后再从事件的开头按事情先后发展顺序进行叙述，使文章曲折有致，造成悬念，引人入胜；增加叙事波澜；使文章结构富于变化，避免平铺直叙；增强文章可读性和感染力。我在给学生讲解作文技巧时，也把这种方法叫"中间挖一段"，就是把最精彩的部分前置到开头，以达到吸引读者的目的。比如课文《十六年前的回忆》就采用了这种叙述方法。补叙就是在对中心事件的正常叙述过程中，插入一些有关的内容，然后再接着叙述原来的内容。运用这种记叙顺序，主要起补充、衬托的作用，使文章中心思想更加鲜明。我们看电视时遇到的回忆就属于这种叙述方式，之前有一篇课文《凡卡》采用的也是这种顺序。

在作文起步时，建议同学们还是运用顺叙为好，因为这种叙述方式简单，易于掌握。

你们能看出吴雨泽这篇作文运用的是什么叙述顺序吗？

三、详略得当

详略得当就是把重点部分叙述清楚明白，次要的部分一笔带过或者干脆省略不写，这样才能够突出重点，达到我们想要的效果，而不是胡子眉毛一把抓，让大家不知道你究竟想要表达什么意思。我曾遇到过一个学生在写游记时把他从早晨起床、刷牙、洗脸、吃饭，到路上大家聊天的内容都列流水账似的写了出来，结果等到了景区还没看他游览了哪些景点呢，作文结束了，这样的作文肯定是不合格的，因为他根本就不知道写游记的重点是什么。

以记事为主的记叙文，重点当然是事情的经过，所以我们在写记叙文时，

一定要把经过部分写具体。我们来看《老爸帮我背黑锅》这篇作文，重点就是校长看到一把椅子断了，不经意地问了一句，老爸知道"我"害怕校长，就替"我"承担了责任，说是自己弄断的。这就是事情的经过，是这篇作文的重要部分，吴雨泽小朋友就把它作为重点来写，至于原因和结尾部分就显得很简略。

四、一波三折

文似看山不喜平，意思就是说写作文一定不要平铺直叙，让事情有一点波折，这样才会有看点，不能够让人看了开头就知道接下来会发生什么，结果会是什么样的，这样的作文读者是没有阅读兴趣的。我们看电视剧讲一个人复仇，编剧不会直接让主人公找到仇人报仇雪恨，而是让他在寻找仇人的过程中经历一个又一个波折，有时候我们观众感觉接下来该完成任务了吧，可编剧偏不这样，又会另生事端，让主人公的复仇之路充满艰辛。所以，我们在叙事的时候就要学习电视剧那样制造一些事端，让整个故事有一些波折，这样才会更有趣味性。至于这一点我在"三招，让你把作文写具体"一节里具体讲了，这里不再详细解释。

还是来看《老爸帮我背黑锅》这篇作文吧，按照正常的逻辑，我们一看开头是不是觉得校长会把"我"批评一顿呢？可作者偏偏没这样写，而是写老爸站出来帮我背了黑锅。老爸背了也就背了，事情该正常结束了呗，可作者偏偏又设计了校长走后老爸对我的教育，这样不仅体现了叙事的一波三折，还升华了文章的主题，有了一定的教育意义。其实这篇作文小作者原文中没有提到这一层，就是老爸替"我"背了黑锅，"我"心里很感谢老爸。后来我给他提出了这个建议，他才做了修改。果然这篇作文得到了杂志社的青睐，被《快乐作文与阅读》刊登。

五、注意细节描写

记叙文就是通过叙事刻画人物形象的，因此细节描写一定要到位，否则人物形象就无法鲜明生动。如何刻画细节，我在"既要会叙述，又要会描写"一节中做了详细的介绍，还是举个例子吧："太阳升起来了"就是

简单的叙述，并没有描写，而"早晨，圆圆的太阳缓缓地从地平线上升起来了"虽然增加的内容不多，但是让我们知道了什么样的太阳，怎样升起来的，这就是细节描写。

以人物为主的记叙文，细节描写就是要写出人物的动作、语言、神态、心理，人物在说话的时候，都会辅以相应的动作和神态，我们只有捕捉到这些细微的地方，才能让作文生动形象。一般情况下，缺少细节描写的作文都写不了太长，这并不是说作文以字数多少来取胜，而是说细节描写是一种作文能力。

我们来看《老爸帮我背黑锅》的一个片段："爸爸扫了我一眼，就明白了我的意思，笑呵呵地对校长说：'再结实的椅子也架不住咱这身板啊，我都不知道你买的是什么椅子，我躺在上面看书，就翻个身的功夫就断了，差点把我的腰摔断！'说完还自嘲般地笑了笑"，这个句子通过对爸爸的语言、神态描写，写出了为了帮作者承担责任，一向不说谎的爸爸却说了谎，而且还说得无懈可击，让校长信以为真，从语言描写中我们还看出了老爸的幽默，画面感很强。如果没有这些细节描写，效果肯定就不会太好。

六、结尾要自然

很多时候，我在批改学生作文时会遇到一种情况，明明已经结束了，可作者偏偏要在结尾处又来一段感受：从这件事情中，我明白了什么。我想这一定是套路作文，也就是很多老师所谓的应试作文。如果我们想真正提高写作水平，一定要去除这种模式化、套路化的作文公式，要让作文自然结尾，该结束的时候就要干净利落，不要画蛇添足，你以为是情感升华，有经验的老师一看就知道是套路，自然就不会有好的印象了。

我们的记叙文结尾一定要像小小说那样干净利落，不要觉得如果不交代一句，读者会不明白。"我重重地点了点头，以后我一定做一个敢作敢当的人"，这样的结尾已经很自然了，说明作者已经从这件事情中有所感悟，如果硬要再加上一段"从这件事中，我明白了……"就显得多此一举了。像这种写人的记叙文，我们班的学生很多都喜欢以人物语言结束，通过人物语言结尾一是点明了主题，二是该这个人物说话了，说完了意思也表达

明白了就自然结束了，这都是很自然的结尾方式。

　　好了，今天我们结合吴雨泽的《老爸帮我背黑锅》这篇作文，具体介绍了记叙文的写作方法，希望大家能够在今后的写作中学以致用。

2. 如何让景物"活"起来

 春到东湖

河南省新蔡县河坞乡戚楼小学　吴迪

春天来了，万物复苏，百花齐放，争奇斗艳。小草破土而出，露出嫩黄嫩黄的芽儿。

跨过玉石桥穿过高大雄伟的大门沿着东湖的铁索桥走，映入眼帘的是一块巨大的"镜子"，像一块碧绿的翡翠，镶嵌在两岸之间。微风一吹，镜子渐渐皱起了她的俏眉。鸭子在湖面上随心所欲地捕食、戏耍。湖对面的岸上两行高大挺拔的垂柳垂下了千万条绿丝绦，微风轻拂，柳条儿轻抚湖面，多像在对镜梳妆的小姑娘啊！

翻过一座假山来到了花的世界。这里低头是野花，抬头是树花，绿毯似的草坪上夹杂着各种不知名的野花，犹如给无边的绿毯绣上了各色小花，显得那么的和谐，那么的自然。一棵棵花树上，一串串花朵绽放枝头，像一个个羞红了脸的小姑娘；有的还把脸半遮着，犹抱琵琶半遮面的样子别有一番韵味。梨花、李花雪白雪白的，似云似雪，白得纯洁，白得耀眼，白得潇洒。玉兰花这个时候也举起了她那粉红色的小酒杯，随着风婆婆的节奏，翩翩起舞，那婀娜的舞姿令人心旷神怡。海棠花一大串一大串火辣辣地开放着，吸引了多少游人驻足观望、拍照留念！

湖岸边广场上也是热闹非凡，摆摊小贩的叫卖声此起彼伏；运动器材

旁边健身的老人、小朋友一拨接着一拨；草地上一个接一个的风筝从大人、孩子的手中徐徐上升，带着人们一串串银铃似的笑声回荡在空中。脱去了冬装的红男绿女显得格外轻盈矫健，灵气十足。

啊！东湖的春天真美啊！

辅导老师：吴帅

技法点拨

要问小朋友什么题材的作文最难写，我想大家会毫不犹豫地回答"写景作文"，究其原因，不外乎是平时的观察不够仔细，不能够把美丽的风景定格在自己的脑海中。三年级的时候我们就学过观察要调动多种感官，还要学会连续观察，可我们依然写不出令人满意的景物作文。今天，我就以吴迪小朋友的这篇《春到东湖》为例，来讲一讲究竟如何让笔下的景物"活"起来。

一、要把自己的眼睛当作一架照相机

景物描写最主要的观察器官当然是眼睛了，我们要把自己的眼睛当作一台照相机，最好是一台摄像机，这样拍摄出来的景物不仅有静态的，还会有动态的。如果把眼睛比作一台照相机，那大脑就是摄影师了，看到的景物那么多，我们不可能面面俱到地都拍摄进去，这就需要我们进行合理的取舍。真正的拍照是选择自己喜欢的、自己认为最美的拍进去，写作中的"拍摄"就是要把最有代表性的景物用笔记录下来，要知道面面俱到的结果必然是一无所获。

我们来看吴迪小朋友的这篇作文，"春到东湖"重点词是什么呢？对，

是春，是东湖，也就是东湖的春天，那么只要把东湖春天特有的景物写出来，就是成功的。作者选取的一组镜头就是湖水、各种花、水鸟、风筝、小摊贩、各种人物的服装，因为这些都是春天的代表，尤其是花，那是春天的象征，没有花的春天是不美的，所以，作者重点对各种花进行了描摹。

二、写景也要有一定的顺序

选好了景物，我们如何把这些景物组织到一起，让它成为一篇行文通畅的文章呢？这就需要合理地安排顺序了。其实，不光是记叙文和游记，几乎所有的文章都需要写作顺序，只不过有的顺序比较明显，有的顺序不太明显而已。写景类文章一般都是像游记一样按照移步换景的顺序，如果是连续性地写景也可以按照时间顺序，比如课文《美丽的小兴安岭》就是按照春夏秋冬的顺序写的，而《乡下人家》则是融时间顺序和空间顺序于一体。当我们移动"眼睛"这台照相机，具体去"拍摄"某一处景物时，也是有一定的顺序的，比如先中间后两边、从下到上、从上到下、从前往后、从左到右等等。

我们来看看，《春到东湖》这篇作文是按什么顺序进行"拍摄"的呢？大门→铁索桥→湖面→湖岸→假山→花圃→广场，这样一来，行文的线索就出来了。如果我们把各种景物比作一颗颗珍珠的话，那这个顺序就好比是一根丝线，只有用丝线才能把这一颗颗珍珠串成项链。

三、写出景物的色、形、味

"照片"拍摄出来了，顺序也确定了，剩下的就是把这些"照片"定格到我们的文字中了。景物描写主要就是要写出色、形、味，这就要调动我们的多种感官了，用眼睛去看景物的颜色、形状，用鼻子闻一闻气味，用手摸一摸触感……比如花是什么颜色的，什么形状的，单瓣还是双瓣，有几片花瓣，全开的、半开的、花骨朵各是什么样的等等，如果我们的景物描写中没有对这些特点作出交代，就无法给读者留下深刻的印象，当然也就不符合写景文的要求了。

《春到东湖》这篇文章就对湖水、垂柳、花草的颜色、形状、气味等

方面做出了具体的描述。有时候不一定非要写得那么明显，比如气味，我们并非一定要写出香飘十里之类的，通过昆虫的活动也可以侧面地烘托出来。

四、景物既要动又要静

我经常对我的学生说，无论是写人物还是写景物，一定要让他（它）们"活"起来，人物活起来很容易做到，因为人会说会动会思考，怎样才能让景物活起来呢？其实，也很简单！因为景物也分为静态描写和动态描写。景物也会动，风一吹雨一打，一切景物都会动起来，如果我们能够及时地捕捉住这种动态之美，我们笔下的景物一定能够给人以灵动之感，而不是静止不动的、呆板的静物了。再说了景物不仅包括景也包括物啊，有些物本身就是活动的，比如空中飞翔的鸟、水里游弋的鱼，最明显的我们行走的人也是物哦。

你看，就拿"微风一吹，镜子渐渐皱起了她的俏眉。鸭子在湖面上随心所欲地捕食、戏耍。湖对面的岸上两行高大挺拔的垂柳垂下了千万条绿丝绦，微风轻拂，柳条儿轻抚湖面，多像在对镜梳妆的小姑娘呀！"这一片段来说吧，所有的景物是不是都动了起来呢？

五、要恰当使用修辞手法

景物描写切忌平铺直叙，那样就失去了美感，要想让我们笔下的景物带给人美感，就需要使用恰当的修辞手法了。写景文最常用的就是比喻、拟人、排比等修辞手法，这些修辞手法的运用，一方面可以准确地写出景物的特点，一方面也能够表达出自己的情感。我们来看这篇习作例文中的"绿毯似的草坪上夹杂着各种不知名的野花，……翩翩起舞，那婀娜的舞姿令人心旷神怡"这个片段，大量比喻、拟人、排比的修辞手法，是不是既把各种花的形状、姿态生动形象地描摹了出来，又表达了自己对东湖之春的喜爱和赞美之情呢？

六、写景要辅以想象和联想

举个例子来说吧，"漓江的水，很静、很清、很绿"和"漓江的水真静啊，静得让你感觉不到它在流动；漓江的水真绿啊，绿得仿佛那是一块无瑕的翡翠；漓江的水真清啊，清得可以看见江底的沙石"，这两个句子哪个更美，更能给你深刻的印象呢？第二句之所以美就是因为它不是简单地把景物特点写出来，还运用了联想和想象，把自己看到的眼前景和心里想到的物进行了勾连，让原本没有关系的两种事物有了联系，从而让人有眼前一亮的感觉，自然就能给人留下鲜明的印象了。你能够从《春到东湖》这篇文章中找出想象和联想的句子吗？是的，基本上每一个句子吴迪小朋友都运用了想象和联想，所以这一篇作文才能给我们留下深刻的印象，让我们读后不觉感叹"春天的东湖真美啊"。

"生活中不是缺少美，而是缺少发现美的眼睛"，如何让笔下的景物"活"起来，这六种方法你学会了吗？

3. 如何写好活动作文

 那次玩得真高兴

河南省新蔡县河坞乡戚楼小学　戚梦瑶

"加油，加油！""李嘉轩必胜！"是哪里那么热闹呢？原来是我们班正在玩"斗牛"的游戏。

昨天下午第三节课，老师让我们玩了一个"斗牛"的游戏。游戏规则是把手放到背后不能松开，脚不能踢，谁先看到对方背后的字就获胜。

第一轮开始了，老师选了两个身高差不多的男生，一个是李嘉轩，另一个是庞慧强。比赛开始了，庞慧强先下手为强，发起了攻击。李嘉轩只知道防守，庞慧强往左边扑，李嘉轩就往右边躲，庞慧强往右边扑，李嘉轩就往左边躲。他俩一直在那斗来斗去，谁也不甘示弱。但我们台下的观众可不同了，一会儿喊、一会儿叫，一会儿给庞慧强加油，一会儿又给李嘉轩加油，最后李嘉轩趁庞慧强不注意猛一转身转到了庞慧强背后赢得了胜利。

第二轮开始了，老师选了王锦曦和孙婉婕两个女生。她们两个在场上转来转去，谁也不服输。再看台下的同学一个比一个紧张，有的伸长脖子瞪大眼睛注视着台上，有的站在凳子上咬着牙紧攥着拳头往前看，有的向前探着身子恨不得冲到前面把正在游戏的同学拉下来自己上去斗，还有的拿出一张纸，上面写着：王锦曦加油！最后是孙婉婕取得了胜利。

最后一轮是梁皓和戚若灵的男女对决，以平局告终。

游戏结束了好久，我的心情还没有平静下来，真希望老师再让我们玩一次。

辅导老师：吴帅

技法点拨

无论是在校园，还是在家里，我们都会参与或组织一些活动，有些是老师组织的，有些是同伴之间的游戏，可以说我们的童年就是在活动中成长起来的。既然活动对于我们来说那么熟悉，我们是不是很容易就能写出一篇活动的作文呢？答案是否定的，尽管我们对于活动、对于游戏非常熟悉，但是要想把活动的过程写出来还真的有点难度，这就是作家刘艳敏所说的熟悉的地方没有风景。很多时候，越是耳熟能详的东西越是写不出来，因为我们都已经熟视无睹了，根本没想到这也是一种作文素材。我这里所说的活动作文和游戏作文基本是同一个概念，今天我们就来结合戚梦瑶小朋友的这篇《那次玩得真高兴》，来讲一讲如何写好活动作文。

一、讲清楚活动时间、地点

活动都是在一定时间、空间举行的，所以，我们在写作的时候一定要把时间、地点交代清楚，这样读者才会一目了然，对于我们自己来说也是一种回忆的凭借。活动本身也是一种记叙文，六要素同样也要交代清楚，一般情况下这种六要素要在文章的开头交代出来。不过我们可以看出来，戚梦瑶这篇作文就属于前面讲过的中间挖一段，即最精彩的部分前置到开

头，以期达到设置悬念、吸引读者注意的目的。

由于时间、地点、人物不属于重点内容，所以我们在写作文的时候，不能够长篇大论地去介绍，只需要简短介绍即可。戚梦瑶这篇作文中间挖一段之后，从第二自然段就开始按照正常的顺序去介绍了，"昨天下午第三节课，老师让我们玩了一个'斗牛'的游戏"，短短的22个字就把时间、地点、人物、事件这几要素交代清楚了。

二、讲清楚活动规则

既然是活动，就一定会有相关的规则，只有规则交代清楚了，读者才会明白这个活动怎样玩。有些学生会问，既然活动规则那么重要是不是应该作为重点去介绍呢？不是这样的，活动规则只是其中的一部分，活动的重点应该是活动过程，刚才已经说过了，活动也隶属于叙事，叙事类文章的重点就是事情的经过。所以，活动作文的活动规则一是要交代清楚，让人一看就知道具体的操作方法，二是要简洁，不能喧宾夺主。

活动规则一定要在时间、地点、人物之后，紧接着就要介绍，千万不要活动都进行了一半才开始介绍，那样既显得层次不当，又显得语句不通，衔接不当。

我们来看戚梦瑶的这篇作文是如何介绍活动规则的，"游戏规则是把手放到背后不能松开，脚不能踢，谁先看到对方背后的字就获胜"，非常简洁的32个字就清清楚楚地把规则介绍出来了。

三、写清楚活动过程

时间、地点、人物、事件，这些都属活动作文的必要因素，相当于准备阶段。准备工作做好了，剩下的就是具体的过程介绍了，这个部分的容量是最大的，千万不能三言两语一带而过，一定要详细地介绍清楚。一般情况下，我们做一个活动或玩一个游戏，都是要用很长时间的，如果是老师组织的活动，基本上至少也要大半节课，在这么长的时间里会发生多少事啊，但也并不是要把这个时间段发生的事面面俱到地都写出来，要选择最能够为中心服务的材料去写，逻辑顺序也要正确，这就要求我们要按照

事情发展的顺序去介绍。一般情况下，一个活动要分几轮，三局两胜是我们最常用的方法，我们可以把整个活动分为三个阶段去逐一介绍。

我们来看戚梦瑶这篇作文，作者就是把这个活动分三轮去介绍的，每一轮的过程、结果都介绍出来了，很明显所用的笔墨也是不一样的，这就是我们第六点要讲的详略得当。

四、运用点面结合

活动牵涉的人物比较多，把这些人物合理地介绍出来也是一项写作基本功，点面结合是活动描写最常用的写作方法。所谓的"点"，就是指对某个事物或多个事物的详细描写，重点就是详细；而所谓"面"，指的是对一个事物或者多个事物的概括描写，没有重点的突出。

"点面结合"是一种写作中艺术手法的表现方式，例如对景物的描写过程中，"点"的描写就是寻找景物中特色鲜明或者极具代表性的一个小事物来着重描写；"面"的描写就是整体描绘景物的特色以及范围。"点"与"面"相结合，更能表现对景物描写的细致，使读者更能加深对所描写事物的认识，作者的感情表达得更加充分。

由此可见，点面结合是"点"的详细描写和"面"的叙述或概括性描写的有机结合。"点"，可以突出重点，体现深度；"面"，可以顾及全局，体现广度。那么，在活动作文中，"点"就是要选择主要角色进行描写，而"面"就是对群众性的众多人物进行描写，按照我的理解，"面"的主要功能是侧面衬托。

现在，我们结合《那次玩得真高兴》这篇作文来分析一下，先来看"庞慧强先下手为强，发起了攻击。李嘉轩只知道防守，庞慧强往左边扑，李嘉轩就往右边躲，庞慧强往右边扑，李嘉轩就往左边躲。他俩一直在那斗来斗去，谁也不甘示弱"这个片段，前两句是对选手的分别介绍，这是"点"的描写，第三句是对两个人的集中描写，这属于"面"的描写，通过点面结合可以看出两个人都很认真对待比赛。"但我们台下的观众可不同了，一会儿喊一会儿叫，一会儿给庞慧强加油，一会儿又给李嘉轩加油"，这

个句子一看就属于"面"的描写，通过观众的表现突出了台上游戏的激烈。

五、侧面描写不可少

侧面描写是指在文学创作中，作者通过对周围人物或环境的描绘来表现所要描写的对象，以使其鲜明突出，即间接地对描写对象进行刻画描绘。在叙事为主的作文中侧面描写是一种必备技能，在活动作文中侧面描写除了对主要人物的外貌、神态、动作、语言进行刻画之外，我要讲的主要是对观众的描写。台上的表演好不好，台下的观众是最直接的反馈，如果观众都在底下昏昏欲睡，说明表演者的表演有问题。

我们来看戚梦瑶的这篇作文中对观众的描写，"再看台下的同学一个比一个紧张，有的伸长脖子瞪大眼睛注视着台上，有的站在凳子上咬着牙攥着拳头往前看，有的向前探着身子恨不得冲到前面把正在游戏的同学拉下来自己上去斗，还有的拿出一张纸，上面写着：王锦曦加油"，这个句子中"有的、有的、有的、还有的"一组排比句的使用，通过对几个有代表性的观众的动作、神态的生动描写，我们可以看出台上的游戏有多精彩了，这就是侧面描写的妙处。

六、详略得当

无论什么题材的作文都要求详略得当，不能对所有的内容都平均用力，那样势必会造成眉毛胡子一把抓，什么也抓不到，只有合理地选择材料才能够突出重点。活动作文中如果把几轮活动都平均用力写下来，读者肯定不明白你究竟想突出哪一轮，如果写得过多的话，读者会失去阅读的兴趣。

我们从《那次玩得真高兴》这篇作文中可以看出来，作者把这个游戏分成三局来写，但是每一局突出的重点都是不一样的，第一局主要是对游戏双方的描写，第二局主要是对观众的突出，第三局是简单介绍，这样合理安排，就能够很好地把自己的意思表达清楚了。

最后要说明的是，活动描写一定要体现出自己的心情，但千万不要画蛇添足、无病呻吟，心情介绍一定要自然地隐藏在文本中。心情介绍也是要围绕中心的，不能将每次的变化都写出来。有次我的一个学生写游记，

他把游览过程中看见的不好的现象及自己的想法也写出来了，这样的想法（心情）很明显是偏离主题的，就不宜写出来。我们来看戚梦瑶的这篇作文，"游戏结束了好久，我的心情还没有平静下来，真希望老师再让我们玩一次"，以心情结束，非常自然地写出了这次活动的精彩有趣，也使得整个文章的衔接特别连贯。同样是游戏作文，吴雨泽的《传话游戏》的结尾是这样写的："游戏结束了，老师语重心长地说：'同学们，一句话经过许多人的转述就会变得面目全非，一节课老师要讲多少句话啊！可见倾听有多么重要，所以我们一定要学会独立思考，更不能道听途说。'大家都若有所思地点了点头"，以老师的话以及大家听后的反应自然结束，行文非常流畅。这就比明明已经可以结束了，偏偏要再来一句无病呻吟似的感受式结尾显得有文气。

好了，今天我们结合戚梦瑶小朋友的《那次玩得真高兴》，具体介绍了活动作文或者说游戏作文的写法，希望大家在平时的活动中留心观察，借鉴并运用今天所学的方法，也能把活动作文写得生动活泼。

4. 如何写好人物

 我的"火眼金睛"老师

河南省新蔡县河坞乡戚楼小学　吴雨泽

看过《西游记》的人一定都知道，孙悟空有火眼金睛吧？我的语文老师是一个现实版的"火眼金睛"，不信请听我慢慢道来。

一次听写同桌因为一个小小的"盲"字被老师画了一个大圆圈。老师还在班里特别提醒："这个盲字一定要注意，眼睛死亡了就是瞎了，所以千万不能多加一点。"这种细微的地方，老师却如同有个放大镜一样，一眼就能看出来。像这种情况还有很多，不管什么错别字，哪怕是多一点少一点，竖撇写成撇了，多横少横了，该长的地方短，该短的地方长了，都难逃老师的"法眼"。

一次课堂上，两个同学在课桌下面摆着手势和对方"聊天儿"，聊得正起劲呢，谁知老师悄无声息地走到了他们两个身边。"咳咳"两声说："小伙子，聊得挺嗨的哈。要不请两位台上表演一下怎么样？我想这哑剧一定很精彩吧！"只见他们两个低下头来脸红脖子粗，好像在说："唉，连这都能发现，老师不演孙悟空真屈才了。"

不仅如此，就连哪个学生不舒服都能被老师准确发现。那次，老师正在认真地讲课，突然停了下来，扫了一眼教室，快速走到一个同学身边，用手摸了摸他的额头，随即走出门外掏出手机拨打电话。回到教室对这个

同学说："到门卫室等你家长来接你吧！"不会吧？难道语文老师什么时候偷偷学习了中医四诊——望闻问切？

怎么样，这个"火眼金睛"老师是不是让你心服口服了呢？

辅导老师：吴帅

从小到大，我们身边经历过许许多多形形色色的人，他们可能是我们的老师，可能是我们的同学，可能是我们的家人，也有可能是仅有一面之缘的陌生人。如何把这些人物形象写出来，让更多的人去认识呢？今天我们就结合吴雨泽小朋友的这篇《我的"火眼金睛"老师》来谈一谈如何写好人物。

一、选择熟悉或者印象深刻的人来写

这一点我把它作为第一点来谈，可见它的重要性。既然是要向别人介绍的人物，一定是我们非常熟悉的身边的人，或者是仅有一面之缘但却给我们留下非常深刻印象的人，只有这样的人我们才有话可说、有内容可写，否则我们连这个人长什么样都不知道，更不可能了解他的故事了。吴雨泽这篇一看就知道是写自己的老师的，因为是朝夕相处的人，所以能够写得栩栩如生。

二、要写出人物的外貌

一般情况下，人物描写包括四大板块：外貌、动作、语言、心理，人物形象的刻画就是通过这四个方面进行的，我曾经发表过一篇文章《人物

就要"活"起来》，具体介绍了这四大板块的写作方法，在这里只简单介绍一下。既然是印象深刻的人，前面说了要么是身边的熟人，要么是特别难以忘怀的有一面之缘的人，无论哪一种人，我们都会关注到他的长相，如果你向别人介绍这个人，连人家长什么样都不知道肯定是说不过去的。外貌包括长相、穿着打扮、神态等方面，是给人的第一印象，虽说人不可貌相，但在认识之前我们还是会根据长相穿着来评价一个人，所以我们在介绍人物的时候，一定要围绕我们对这个人的情感去介绍，切不可离题万里哦。穿着打扮也是一个人性格特点的外在流露，所以我们写人物的穿着打扮切不可张冠李戴，一定要符合人物的身份和性格特点，比如说一个性格内向的人，他的穿着一般都是中规中矩的，不会太赶时髦。神态是内心的一种自然流露，我们在写人物神态时一定要与当时的情境相吻合，不能写废话。

外貌描写还有一点要提醒大家的是，千万不能千人一面，一定要选择我们要介绍的这个人最具特点的一点或几点，我反复强调的是：面面俱到的结果必然是一无所获。

不过，并不是说所有写人的作文一定都要有外貌描写，任何一种介绍都要有一定的目的性，像吴雨泽这篇作文主要是写人物特点的，就没有介绍人物的外貌，但神态一定要介绍，这篇作文就达到了这种要求。

三、要写出人物的语言

很多小朋友在写人物的时候，通篇没有一句人物的语言，这样的人肯定无法给读者留下深刻的印象，活生生的人就是活蹦乱跳的，会说会笑，有喜怒哀乐的，所以写人物时要注意语言描写。

人物的语言都是在一定的语言环境下产生的，没有孤立的语言描写，如果我们只记录人物的语言，肯定构不成一篇连贯的作文。言为心声，人物所说的话都是内心的真实表现，把自己的真实想法通过语言表达出来，这也是人物刻画的一种必要方法。因此，我们所写的人物语言一定要能为刻画人物服务，千万不要废话连篇，让读者不知道你究竟想表达什么意思。

请看吴雨泽这篇作文的一段语言描写："小伙子，聊得挺嗨的哈。要不请两位台上表演一下怎么样？我想这哑剧一定很精彩吧"。这个句子通过对老师的语言描写，一是反映了老师的语言幽默，二是说明老师眼光锐利，连同学们在底下做小动作都能够准确捕捉到，这就很好地刻画了人物形象。

四、要写出人物的动作

我经常对同学们讲，我们接触的都是活生生的人，千万不要让他变成"植物人"，意思就是说作文中千万不要一味地叙述，要让人物动起来。好多小朋友写的作文小孩子不像个小孩子，倒像是七八十岁的老头老太太，老气横秋没一点活力，原因就是他不会写人物的动作。很多时候，我们一加上人物的动作，人物形象立刻就鲜明了，人物立马就变得鲜活起来了。其实，我们只要留心观察，就会发现人物的语言、动作、心理，都是相辅相成的，或者说是一连串的动作链，说话的时候肯定会有相应的动作、神态表现，当他内心有什么想法的时候，往往也会通过动作和神情表现出来，还记得我们三年级时的一个单元吗？就是训练大家通过动作、神情等方式代替提示语。

看这个句子："老师正在认真地讲课，突然停了下来，扫了一眼教室，快速走到一个同学身边，用手摸了摸他的额头，随即走出门外掏出手机拨打电话"，通过"讲、停、扫、走、摸、走、掏、拨打"等一系列的动作描写，把老师的"火眼金睛"惟妙惟肖地写了出来。

五、要写出人物的心理

人区别于动物的特点之一就是会思考，无论我们看到或是听到什么现象，第一反应就是"这是怎么回事"，这就是心理活动。举个例子，大家正在上课呢，一个同学进来了，脑门上长了一个大包，你的第一反应就是：他的这个大包是怎么来的？他身上发生了什么事？看到老师穿了新衣服，换了新发型，你心里肯定会评论一番，这些都是心理活动。一般人都会对一种现象产生联想，这就是心理活动。所以，我们在写人物的时候，一定要注意心理活动描写。我想很多老师在讲心理活动的时候，都会举列夫·托

尔斯泰的《穷人》,那篇小说就是通过桑娜的心理活动,刻画出了桑娜的善良、博爱。

有同学会问了,写自己的心理活动很简单,自己想的自己知道,可别人怎么想的,我们又不知道,怎么去写呢?难不成去问问当事人是怎么想的?肯定没必要也不可能。我们可以根据他的神态变化去推测,刚才已经讲了,一个人内心有了波动时,一定会通过神态或语言表现出来,要么怎么会有得意忘形、喜形于色这些成语的出现呢?这也就告诉我们,在写他人的时候,千万不能像写自己一样直接把内心想法写出来,要先写人物的神态,再用"此时,他……""我想,他……"这样的句式表达出来,否则会让读者产生质疑。不过,这只适用于作文起步阶段,当我们能够很好地驾驭语言的时候,就能够做到灵活运用了。

我们来看吴雨泽这篇作文中的两个片段:"唉,连这都能发现,老师不演孙悟空真屈才了""不会吧?难道语文老师什么时候偷偷学习了中医四诊——望闻问切?"这两处心理描写是作者自己的想法,通过这两处心理描写,是不是把对老师的佩服真实地写了出来呢?

六、要通过具体的事例写出人物的特点

我们写人物的目的就是为了刻画人物形象,而人物形象的刻画一定离不开具体的事例。我们说一个人好得很、特别好、非常好,你写一百个一万个非常好,别人也不知道这个人究竟好不好,但通过列举一个事例,别人一看就知道他好不好。有一句话叫事实胜于雄辩,就是这个意思。所以我们在写人物的时候,一定要通过具体的事例来刻画人物形象。

既然事例那么重要,我们又该如何去写事例呢?我在"三招,让你把作文写具体"一节里具体讲述了"三"在写作中的重要作用,在这里就不再具体解释了。所谓的"三"就是无论我们写什么样的作文都要通过"三"来具体证明,比如写景的主要通过三个景点,写人的自然就是通过三件事来反映人物性格,一件事那叫偶然,两件事叫巧合、无独有偶,三件事就很有说服力了,要么怎么会有再一再二不能再三再四呢?这就是中外文学

的一种共同现象，"三"就是一生二，二生三，三生万物的"三"，代表的是极大。

当然了，我所说的三件事是围绕一个特点去写的，如果我们想介绍这个人有多种特点、爱好，就不可能再去一个特点写三件事例了，而是一个特点一件事例证明就可以了。但不管我们是围绕一个中心写三件事，还是通过三件事反映三种特点，都不可能把三件事平均用力，而是要学会详略得当、突出重点。

吴雨泽这篇作文做得就很好，他通过作业中的错别字、发现同学不好好听课、能够及时发现同学身体不适这三件事来写老师的"火眼金睛"，进而表现了老师对同学们的关心，这三件事也是有详有略的。

今天，我们结合吴雨泽这篇作文，具体讲述了人物描写的基本方法，希望大家一定要牢牢掌握这些方法，做到学以致用，在平时的写作中运用这些方法，相信我们笔下的人物也一定能够栩栩如生，给读者留下深刻的印象。

 学生例文

 这只小狗不好惹

河南省新蔡县河坞乡戚楼小学　吴雨泽

我家有一只聪明的小狗叫念念，认识它的人都称它为"不好惹"。

就拿今天来说吧，朋友到我家玩，到了小狗狗吃饭的时候，我把饭端到它的旁边，它正吃得尽兴的时候，朋友悄悄对我说："我们在这里看它吃东西多没意思，要不我们逗逗它，把它的食物拿走，看看它的反应吧？"我连忙摆手："千万别，爸爸说小狗最护食了。你夺它的饭碗它会跟你拼命的！"朋友是个冲动派，总喜欢想一出是一出，我这一说完他就更想逗小狗了。朋友刚想伸出手拿狗碗，小狗立刻弓起身子，仰着头龇着牙咧着嘴，还汪汪地威胁，吓得朋友赶紧把手缩回去了。

它还敢欺负奶奶家的大狼狗。奶奶家养了一只大狼狗，快有我高了，每次我们回家，念念就会追着大狼狗咬，丝毫没有看清敌我力量有多悬殊。可能奶奶家的大狼狗知道念念是客人，不和它一般见识吧，每次都是被念念追得躲在床底下"呜呜呜"委屈地叫着。念念是吃狗粮的，对狼狗的食物不感兴趣，可偏偏蛮横无理地守在狗盆旁边不让狼狗吃，害得大狼狗只知道委屈地"呜呜"，大气都不敢出。

念念还会反客为主。每次我带着它去朋友家玩，它就像到了自个儿家一样，到处乱窜，显得那么从容，一点儿也不拘束。看见吃的就大大方方

地狂吃起来，如果主人或是主人家的猫狗惹着它了，它就会恨恨地叫起来，直到主人摸摸它的头，说："念念真乖！"它才会甩着尾巴围着主人跳起来。

怎么样？这只小狗是不是不好惹呢？如果你不信的话，可以来我家领教一下哦。

辅导老师：吴帅

技法点拨

小动物对于我们每一个人来说都不陌生，无论是城市还是乡村，随处都可以见到小猫小狗，尤其是农村更是普遍，几乎家家户户都会养一两样小动物。既然我们对小动物那么熟悉，是不是就能把这些人类的朋友写好呢？答案是否定的，很多小朋友一写小动物总是千头万绪，不知该从哪里下笔，写出来的动物也不能给读者留下深刻的印象。

今天我们就以吴雨泽这篇《这只小狗不好惹》为例，来聊一聊究竟应该如何写好小动物。

技法点拨

一般情况下，凡遇到写小动物，老师都会告诉大家要从外形、生活习性，以及自己和小动物之间发生的趣事几个方面去写，作文起步的时候，这样写是可以的，但人人都这样写就显得千篇一律，缺少新意，而吴雨泽这篇作文就从不同的角度写出了自己家这只小狗的特点，是不是给人的印象更深呢？因此，今天我就从一般写法到升级版的写法来给大家讲一讲，怎样写小动物才能够让人一读就留下深刻的印象。

起步阶段可以从以下几个方面去写：

一、外形

动物是人类的朋友，我们在介绍动物的时候，可以用介绍人物的方法，介绍人物时我们叫外貌描写，但介绍小动物时我们称为外形。平时作文中，一写外形你是不是经常见到"××的皮毛，××的眼睛，××的鼻子，××的嘴巴，××的爪子，再加上××的尾巴，真是××极了"？有没有一种似曾相识的感觉？是的，这是典型的郑振铎的燕子模式，同样是写小狗的，用在你家的小狗身上可以，用在他家的小狗身上也合适。因为这就是一种套路，一种应试作文的模板。真正的作文高手不会这样写，比如写人物的外貌，就抓住一样最具特色的东西，比如大牙、小眼睛、黑皮肤、小酒窝、迷人的微笑等等，让人一看就知道是写谁。同样的动物描写也是一样，千万不要以为要把五官面面俱到地都写出来就刻画出了外形，这样蜻蜓点水似的描写，让人根本看不出你写的是哪一只小猫小狗。

二、生活习性

作文起步的时候，我们除了写动物的外形就是写它的生活习性，生活习性包括的内容比较多，比如它是如何吃食的，如何睡觉的，高兴时怎么样，不高兴时怎么样，它的繁殖方式等等，这有点类似于说明文《鲸》的写法。平时的作文教学中，我经常见同学们写动物的生活习性是这样写的：它的吃食是×××的，它的睡觉是×××的。这样就太机械了，就是我常说的填表格式的生搬硬套，明眼人一看就知道你的弊端。这样的作文即使是应试作文也很难得高分，更不可能提高我们的写作水平了。这就要求我们在写作文时一定要合理地构段，完全可以用一个总起句概括，比如"小狗吃食时非常有趣""更有趣的是小狗的睡姿"，读者一看就知道你接下来要写什么内容，前后文的衔接也更自然了，这样是不是更有文气一些呢？

三、人与动物之间的趣事

人和动物之间是朋友关系，如何体现这种朋友关系呢？通过你们之间发生的有趣的事，一方面可以体现出你们之间的情感，另一方面其实也能

够突出动物的一些生活习性，毕竟用具体事例会更有说服力。

比如一个小朋友在写她家的小狗时，是这样写的："每次空闲的时候我都会跑去奶奶家陪它玩一会儿。我让它坐，它就坐，我让它站，它就站，它依然很听我的话。"这是他们担心来做客的小朋友被狗咬到，不得已把小狗送人了，没事时去找小狗玩时发生的趣事，从中可以看出小作者和小狗之间的感情了吧？

以上三点是作为起步版的动物作文的写法，因为吴雨泽的这篇作文很明显比这种起步作文高出了一个层次，一般的写法本文都没有出现，在举例时也就没有举出这篇范文的例子。下面要讲的就是升级版小动物的写法。老舍的《猫》大家还记得吧，里面没有对猫的外形描写，但那只性格古怪的猫，以及它刚满月时的淘气可爱，我想任何人读后都会难以忘怀。还有丰子恺先生的《白鹅》就是通过叫声、步态和吃相三个方面的描写，让这只白鹅的形象栩栩如生，令人经久不忘。原因就是作者抓住了动物与众不同的特点进行具体描摹。

升级版动物描写，当然也可以在合适的地方交代一下动物的外形，但绝对不能把它当作重点，重点就是来写独属于这个小动物的特点。我们来看吴雨泽的《这只小狗不好惹》这篇作文，开头就交代了这只小狗的特点——不好惹，接下来具体从护食、欺负大狼狗、反客为主三件事详略得当地介绍了小狗的不好惹。先来看第一个片段："朋友刚想伸出手拿狗碗，小狗立刻弓起身子，仰着头龇着牙咧着嘴，还汪汪地威胁，吓得朋友赶紧把手缩回去了"。当朋友想要逗逗它，刚想把它的食拿走时，小狗是怎么表现的？立刻弓起身子，仰着头龇着牙咧着嘴，汪汪地威胁，这样通过细致的动作，就把小狗的凶猛、霸气惟妙惟肖地描写了出来。再看第二个片段："念念是吃狗粮的，对狼狗的食物不感兴趣，可偏偏蛮横无理地守在狗盆旁边不让狼狗吃，害得大狼狗只知道委屈地'呜呜'，大气都不敢出"，这是描写小泰迪狗欺负大狼狗的，那么大的狼狗都被小小的泰迪吓得只敢委屈地叫，却又无可奈何，小狗的霸道形象立马就出来了。第三个片段在这里就不再单独列举出来了，我们可以看看反客为主这一个小故事。

　　吴雨泽这篇作文的成功之处，就在于他打破了一般的外形、习性、趣事的局限，围绕着不好惹去写小狗的霸道，同样也是写小狗，另一个学生吴迪就通过几件事突出一个特点——懒，也达到了这种境界，在这里就不再展示了。

　　写任何一种题材的作文都要认真地观察，展开合适的联想，只有这样才能把作文写得更加生动形象。就拿吴雨泽这篇作文来说吧，"每次我们回家，念念就会追着大狼狗咬，丝毫没有看清敌我力量有多悬殊""可能奶奶家的大狼狗知道念念是客人，不和它一般见识吧，每次都是被念念追得躲在床底下'呜呜呜'委屈地叫着""每次我带着它去朋友家玩，它就像到了自个儿家一样，到处乱窜，显得那么从容，一点儿也不拘束。看见吃的就大大方方地狂吃起来""它就会恨恨地叫起来"……这些句子，通过大胆的联想和想象，都运用了拟人的修辞手法，把小狗的特点写得活灵活现，让人一看就印象深刻。

　　今天，我们不仅认识了起步阶段的动物习作的写法，还认识了升级版的小动物的写作方法，现在让我们赶快观察一下身边的小动物，用上这些方法来写一写吧。不过，为了提高我们的写作水平，千万不要局限于起步阶段哦，尝试一下升级版的写作方式，挑战一下自己吧。

6. 如何写好日记

 小蒜苗成长记

河南省新蔡县河坞乡戚楼小学　吴雨泽

2021 年 9 月 21 日，星期二，天气晴。

今天，我突发奇想想要种大蒜，了解一下它的生长过程。说干就干，我找来几颗大蒜和一只透明的盆，盆里装满土，挖个坑把大蒜埋进土里，又浇了些水。看着这些大蒜干巴巴的外壳，我不知道它们能否生根发芽。我又轻轻撒上一层细土，在心里默念：小蒜苗，你可要快快长大啊！

2021 年 9 月 30 日，星期四，天气晴。

今天，我一放学回到家就跑去看我的大蒜。我惊奇地发现它们已经发出了尖尖的嫩芽，黄中透着白，好像只要使劲一掐就能冒出水来。我数了数一共十二棵嫩芽，咦，怎么少了两棵呢？我仔细地观察才发现，原来那两棵已经快要露出头了，只是还没有发芽。饱满的芽已经把土顶了起来，十二棵小芽就像刚刚破壳而出的小鸟。它们不甘示弱，好像要比谁长得最高。小蒜苗们可真努力啊！

2021 年 10 月 1 日，星期一，天气晴。

今天蒜苗长得更高了，最高的都有 10 厘米了。前两天还是嫩黄的小芽也变得绿油油的了，细长细长的叶子像一把把锋利的宝剑刺向天空。远远望去真像是一排排绿色的小卫士整齐地站立着，像是等待着我的检阅，又

像是想让我把它们剪下来炒菜吃。一阵风拂过，小蒜苗们翩翩起舞，像绿色的波浪，真好看！

通过这一段时间的观察，我不仅了解到了大蒜的生长过程，还体验到了劳动的快乐，真是一举多得啊！

辅导老师：吴帅

技法点拨

日记，我想对于学生来说都不会感到陌生，从三年级我们就开始接触日记并写日记，甚至有些学生在一二年级就已经开始了日记创作。日记是指用来记录内容的载体，日记也指每天记事的本子或每天所遇到的和所做的事情的记录。

日记作为一种文体，属于记叙文性质的应用文。日记的内容，源自我们对生活的观察，因此可以叙事，可以写人，可以状物，可以写景，亦可以记述活动，其种类之多样，凡是一天中的所作所为、所思所想，都可以是日记的内容。

我们每个人每天都会发生许许多多的事，或经历、或听闻，但是我们是否就能把日记写好呢？答案是否定的，我似乎已经听到大家的叹息声：唉，又要写日记啊，我该写什么呢？为什么大千世界我们的生活中那么多故事，却写不出来呢？我想不外乎几个原因，首先就是缺少一颗敏感的心，不善于把握生活中的素材，不知道什么可以写进日记中，要么就是什么都想写结果什么也写不好，其次是有些小秘密不想让别人知道，也不好意思写出来，还有就是老师常说的列流水账问题，似乎素材很多，但又抓不住重点，无从下笔。

其实这些都是不知道写什么的问题，可以说日记就是一篇小作文，今天，我们就来结合吴雨泽的观察日记三则，来谈一谈如何写好日记。

一、掌握格式不可少

日记作为一种实用文体是要求有一定的格式的，因此，我们在写日记时一定要把它和其他文体区分开来，让别人一看就知道你是写日记，而不是其他。日记的格式我们在这里再做一次温习，第一行要写上日期、星期几、天气情况，也可以用图文的形式标注，比如说用天气预报中各种天气的符号标注天气，这些都可以根据自己的性格决定，不用讲究千篇一律。第二行开始写正文，正文和我们的作文格式是一样的，每个自然段开头都要空两格。

我经常和学生说，日记一是记录自己的成长足迹，二是给自己的习作提供素材，就是我们的一个小型习作素材库，里面记录的各种各样的人、事、物、景都有，当我们写作文时就可以进去选择一件，努力回忆当时的情景，通过我们的文字重现出来，日期、星期、天气情况，可以帮助我们回忆起当时的环境、心情。

吴雨泽的这篇《小蒜苗成长记》，很明显是连续观察日记，通过一阶段的观察，记录了小蒜苗的成长过程，日记格式很完善。

二、学会选材很重要

前面我说过了，我们生活的世界是在不断地变化的，每时每刻都会有许多的事情发生，无论是家里、学校，还是走向社会，都会有不同的事情发生。有人说了，世界上没有相同的两片树叶，同样的道理，世界上也不会有相同的时间发生的相同的故事。每天我们从一睁开眼，新的一天开始了，新的故事也就上演了，起床时的心情不一样，穿的衣服不一样、吃的饭不一样，家里的摆设也会不一样，每个家庭成员做的事更是不一样，上学路上见到的、听到的也都不一样。走到校园里，昨天还没开的花今天一下子全开了，顿时让你心旷神怡，前两天还因为某件小事闹得不可开交的小伙伴，突然之间和好了，某个同学今天有事没来上课，某个同学因为什么原因没写完作业，被老师罚站了，某某老师或同学穿了件非常漂亮的衣服，换了一个新发型，就连一天七节课，也从来没有哪两节是相同的，这些都是我们的日记素材，怎么可能没有内容可写呢？

有同学说，老师你看我们的生活每天都是学校—家里，家里—学校，两点一线的生活，每天就那些事，早就让我写烂了，实在不知道该写什么了。小朋友们，听了我前面说的那么多素材，你是不是有些明白了呢？之所以觉得没有内容可写，一是你没有认识日记的重要性，完全不知道自己为什么写日记，说白了就是在应付一种名字叫"日记"的作业，是在为写日记而写日记，心态决定成败。记得有一个故事，同样都是从事建筑工作，有个人说他在盖房子，有个人说他在挣钱，第三个人说他在完成世界上最美的创造，可想而知第三个人最后成了建筑大师，这就是心态的问题。

我经常对学生说，只要有一颗敏感的心，有一双善于发现的眼睛，生活中到处都是素材。成功的作家缺的是时间，而不是写作素材，而我们一般人恰恰相反，总是觉得没有内容可写。就拿我来说吧，因为我坚持每天写一篇稿子，我的素材都已经排了几十天的队了，就是时间不充足。

既然有那么多的素材可写，是不是要把这些事情一件不落地写下来呢？不可能也没有必要，我们只需要选出我们最感兴趣的一两件来写即可，当你发展到感觉每一件都是那么重要的时候，说明你已经有一颗敏感的心，如果想写可以以连载的形式写出来。

吴雨泽这篇日记其实就是四年级的单元作文"写日记 × 则"，他就抓住了不同的三个时间段蒜苗的变化来写。

三、讲求时效不能忘

日记、日记，就是记录当天发生的事情，它是很讲究时效性的。我在平时改日记的时候发现，有的学生中间用了前几天、过了两天，甚至明天后天这样的时间，我就笑称这些学生是坐着时光穿梭机来的，其实就是在批评他们的日记没有时效性。一篇日记只能是"今天"发生的，错过这个时间段就失去了时效性，这是原则性的错误。

还有个别学生在日记中是这样写的："今天放学回家我就开始写作业，

我写啊写啊，终于写得就剩下日记了，后来又用了十来分钟终于把日记写完了，我不禁长长地舒了一口气。"我们先不管他的日记内容怎么样，写作水平怎么样，就中间出现的逻辑错误你们发现了吗？是啊，你的日记终于写完了，那你的这篇日记是什么时间写的呢？这岂不是闹笑话了吗？之所以出现这样的笑话，原因在于他把日记当成"日记"这种作业来完成，不可能体会到创作带来的愉悦感。

四、如何改掉流水账

好多老师都问我一个问题：学生写日记列流水账怎么办？我说这是好事啊，像流水账似的说明学生的生活很丰富啊！当然这是针对部分学生来说的，如果真的是生活丰富，想说的话太多肯定是好事，但是往往这里面暴露出来的是学生的应付心理。来看看这样的日记："今天早晨，我六点半起床了，穿好衣服之后去洗脸刷牙，洗完脸刷完牙就开始吃饭了，吃完饭就去上学了。第一节上的是××课，第二节上的是××课……第七节上的是××课，放学了我就回家了，回到家吃完晚饭我就睡觉了。"是不是很熟悉，有种似曾相识的感觉？对，这就叫列流水账，更为可怕的是，他还写上瘾了，每天都是这种套路，这说明什么问题？他在应付作业，他不知道什么是日记！

面对这种情况我是怎么给老师们和孩子们讲的呢？很简单，来，孩子，咱们数一数你这篇日记中记录了几件事，一二三……好，七件事，这七件事中哪一件是你最感兴趣的，或是最难忘的，一起回忆一下当时的情景，按照起因、经过、结果介绍清楚，一次不行，那就两次，两次不行，那就三次，我就不相信他还好意思再写出第十一次！列流水账的问题就是这样解决的，不信你也可以试一试，绝对很管用。

另外，日记就是一般性的记叙文，写景、写事均可，我们按照正常的作文写法就行，写作技巧在这里就不重复多讲了。但是日记又不同于正式的作文，它只是记录我们的生活轨迹，给我们的作文提供素材的，没必要非得长篇大论，想长则长，想短则短，完全取决于我们的想法，只要简单地记录就可以了。

好了，今天我们从四个方面谈了日记的注意事项，希望我们每个人都能够体会到写日记的乐趣，做一个快乐成长的人，用日记给我们的生活留下一些美好的回忆吧！

7. 书信如何写

 妈妈，我想对您说

河南省新蔡县河坞乡戚楼小学　马钧恒

亲爱的妈妈：

您好！

光阴似箭，岁月如梭，转眼间我已经十多岁了。十多年来，您对我的爱我都看在眼里，记在心里，十年多来，我有太多话想对您说。

妈妈，我想说，您的教育方式可以改一下吗？为什么您总拿我和别人家的孩子比？请您告诉我那个"别人家的孩子"到底是谁？是他重要还是我重要？我不想活在别人的影子里，我只想活出我自己。您还老是对我说："你妈我当年语文那么好，你的语文咋那么差？"每当您这么说时我就会有一种说不出的难过，但您又会对我说："你可是我身上的一块肉啊！"听您这么说我又挺高兴的，有时候我真的不知道该高兴还是该难过了。

我知道您很爱我，所以有时也会打我，但您每次打我的时候总会说："你怎么那么笨？"可是我明明记得您之前说过我很聪明的，您给了我希望，又给了我绝望。我最近常常想您为什么和课文里面的爸爸妈妈完全相反，他们说母亲的爱是慈祥的，而父亲的爱是严厉的，可我觉得您才应该是书里的父亲，平时对我总是很严厉，动不动就厉声呵斥我。我知道您这样做是为了纠正我在生活中犯的错，可是妈妈，只要您和我说了，提醒我哪里

做得不好，我会自己去改的，不用对我发火，我会害怕又难过。

妈妈，我还有一些事很不明白，为什么只要妹妹一哭您就第一时间责骂我？实话告诉您，很多时候根本不怨我，您知道我心里有多委屈吗？清楚地记得有一次，因为妹妹哭了，我连原因都不知道，您"咚"一下踹开门："咋还不出来吃饭？饿死你！"难道就因为我是老大，就要无理由地背锅吗？

妈妈，我真的希望您能够好好想一想，听取一下我的意见。

祝：

身体健康

工作顺利

您的好大儿：马钧恒

2022 年 12 月 12 日

技法点拨

"烽火连三月，家书抵万金""云中谁寄锦书来，雁字回时，月满西楼""欲寄彩笺兼尺素，山长水阔知何处"，同学们，你们知道家书、锦书、彩笺、尺素都是指的什么吗？其实，这几种说法都是同一种意思，就是书信。在如今这个科技高度发达的时代，很多小朋友对书信都很陌生，其实书信在古代是非常重要的交际工具，那时候没有电脑、手机，最快的交通工具就是骑马，因此书信就显得很重要了。即使是现在，很多人也习惯用书信进行沟通，有些事情当面不好意思说，而书信正好可以避免当面交流的尴尬，所以说书信有其不可替代的作用。书信是一种实用文体，我们有必要掌握

其写法。

今天我就结合马钧恒的这篇《妈妈，我想对您说》来聊一聊书信的写法。

一、书信格式最重要

书信作为一种实用性应用文有着非常严格的格式要求，现在我把书信的格式用一首儿歌的形式概括出来，方便大家记忆，然后再逐一解说。

> 称呼顶格打冒号，先向亲友问个好。
>
> 正文每段空两格，一件一件不乱套。
>
> 正文写完送祝福，健康快乐不可少。
>
> 署名日期别颠倒，工整写在右下角。

第一行正中间写上"给×××的一封信"，另起一行顶格写称呼，要记得称呼后面打冒号，称呼也是有讲究的，一般给长辈写信都是"尊敬的×××"或"敬爱的×××"以示对长辈的尊敬；同学、朋友等平辈或者晚辈，都可以用"亲爱的×××"，也可以直接用名字，这个根据自己的喜好来决定。另起一行空两格写"您好！"或"你好！"这两个字和前面的辈分是对应的。接着就是正文，正文和我们正常的作文格式是一样的。正文写完了写祝福语，要在正文的下面另起一行空两格，写上"祝"，想要祝福的话有几个短语就要分几行顶格写，一般情况下不要超过三条祝福语，否则容易给人啰唆之感。最后在右下角写上署名和日期，这一点很多学生常常会颠倒，一定要记住先写署名，最后写日期。

我们看一下，马钧恒这篇书信的格式就非常完整，而且非常正确。

二、衔接恰当是关键

要想写好一封书信，内容的前后衔接也很重要，尤其是写回信，开头要针对对方书信的内容做一下简要的答复，接着再写自己写这封信的目的，这也体现了我们对对方的尊重。否则会给人一种突兀的感觉，让人不明白所以然。如果是首次写信也要交代一下，自己是在什么情况下想要给对方写信的。我们首次接触书信是在四年级上册第七单元，之前的教材有一单元的习作是"×××，我想对你说"，要求也是以书信的形式，尤其是第

二种情况，更要在开头交代清楚为什么要用书信的形式与对方交流。这样，整篇文章才会衔接自然，显得一气呵成。

我们来看看马钧恒的这篇文章，从题目上来看，他的写作对象很明显，就是写给他的妈妈的。"光阴似箭，岁月如梭，转眼间我已经十多岁了。十多年来，您对我的爱我都看在眼里，记在心里，十年多来，我有太多话想对您说。"一开始，作者先表达对妈妈的感激之情，十多年来妈妈的照顾，自己都看在眼里，记在心里，接下来话锋一转，从三个方面来写妈妈的教育方式给自己造成的伤害，最后希望妈妈能够认真想一想，接受自己的建议。这属于典型的欲抑先扬的写作手法，符合提建议的方式。整篇习作行文自然，构思别出心裁，非常值得借鉴。

三、写信目的要明确

无论是写什么文章，都有一定的目的，书信更是如此，我们写信的目的性一定要强，而且还要让对方和读者都能够明白你的意思。我们可以想象一下，在古代交通那么不发达，家人好不容易收到一封书信，却不明白信中究竟想要表达什么意思，那么这封信就失去了它的价值和意义，等于废纸一张了。

我们来看看马钧恒这封书信，你能看出他想要表达的意思吗？没错，他要表达的意思有几层，首先是对妈妈十几年来的照顾表示感谢，接着从正文第二自然段转入想对妈妈说的心里话：1.希望妈妈能够改变教育方式，不要拿自己和"别人家的孩子"进行比较，这样让自己有一种挫败感，自己对妈妈的矛盾说法也很纠结；2.希望妈妈不要动不动就对自己发脾气，有事好好说，自己会明白，也会改正；3.希望妈妈在对待自己和妹妹的问题上公平、公正一点，不能因为自己是老大就要无理由地背锅；4.恳求妈妈能够好好考虑一下自己的建议。

可以说，小作者的写作目的非常明确，字里行间流露的都是自己的委屈。

四、内容详略要恰当

唐代大诗人张籍有一首诗很有名："洛阳城里见秋风，欲作家书意万

重。复恐匆匆说不尽，行人临发又开封。"这首诗说的是，诗人想表达的意思太多了，一时不知从何下笔，好不容易把信写完了，总感觉又遗漏了什么重要信息，于是又拆开信封检查。他是想借此表达对家乡对亲人的思念之深，但我们在写书信的过程中可千万不能"意万重"，而是要简明扼要，还要详略得当，写信重在长话短说，让人一看立马知道你想要表达什么意思。不要长篇大论，因为就普通人接收信息的水平，无法把所有的内容都记住，太啰唆则容易误导读信的人。因此，我们在写书信时一定要注意重要的内容详细写，次要的或无关紧要的内容简略写或不写。

我们来看马钧恒的这封信，主要是对妈妈说出自己憋在心里的话，主题是希望妈妈考虑自己的感受，改变一下教育方式。对妈妈的感激之情属于次要内容，就不能够展开去写，否则会给人详略不当，重点不突出的感觉。

五、措辞一定要得当

书信是要给当事人看的，措辞一定要得当，要符合人物的身份。就拿"×××，我想对你说"来说吧，在信中用语一定要委婉，不能给人一种盛气凌人、毫无修养的感觉。比如你在信中是要给人提意见，结果你从头到尾都在列举对方的"罪状"，我想即使你的意见再正确，别人也不一定能够听得进去，反而会不服气，这就是措辞的问题了。当时我在讲这篇习作的时候，就告诉学生，如果你是给别人提意见，一定要先夸一夸别人，还要举出具体的事例，不要显得做作，要让人信服，接着再委婉地提出一点意见，意见不要太多，否则对方不容易接受，这样一来让对方觉得你很公正，用我的话说就是给"逆耳忠言裹点糖"。

马钧恒这篇文章尽管大量的篇幅是对妈妈提出的意见，仍然注意到了"逆耳忠言裹点糖"的原则，开始先表达对妈妈的感激，这样妈妈就会比较容易接受自己的意见。在具体的意见中也有所体现，比如妈妈的一些语言会让自己觉得开心，这无疑就是在表扬妈妈也有正确的一面，并没有把妈妈好的方面抹杀掉。当然了，如果从措辞的角度来说，开头表达对妈妈的感激之情时再适当拓展一下，举出具体的事例，妈妈会更容易接受一些。

提到书信，就一定要讲一讲信封的写法，因为正常的书信是需要寄出

去的。由于我们平时很少接触到书信，所以很多学生都不会写书信，更不会写信封。信封如果格式错误是不可能寄出去的，为了方便大家明白，我在这里用一张图来示意：

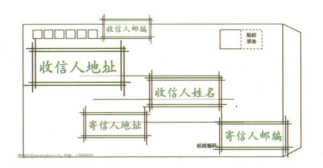

左上角六个方格是填写收信人的邮政编码的，一个格子一个数字；右上角"贴邮票处"是贴邮票的地方，一定要贴上邮票，不同的距离邮票的分值是不一样的；信封中间的三条横线，第一条是写收信人的地址，中间一条横线正中间写的是收信人的姓名，姓名后面要加个括号里面写个"收"或"亲启"，第三条横线写的是寄信人的地址及姓名，要先写地址，在地址后面再写姓名；右下角的邮政编码是写寄信人的邮政编码。信封的格式一定不能写反，否则这封信到不了对方的手中，而是会到你自己的手中。

好了，今天我们结合马钧恒的这篇《妈妈，我想对您说》，具体谈了书信的写法，小朋友们，你们掌握了吗？一定要记住书信和信封的格式哦。当然了，你们也可以给我写一封信练练手哦！

8. 如何写好物品

 我的玩具枪

河南省新蔡县河坞乡戚楼小学　梁起凡

今天，姐姐给我买了一把我超级喜欢的玩具枪——M416，而且配有我最喜欢的颜色——黄金龙骨。下面我就给大家简单介绍一下我的这把枪吧。

首先看它的"皮肤"。"黄金龙骨"的侧面有四根黄草样的花纹，扳机的左边有一颗彩绘子弹，好像随时都可以冲出枪膛射向远方，一条金色的龙贯穿枪身，看着就特别威武，怪不得叫黄金龙骨呢！

其次再看它的配件，它的枪尾有垂直握把，手感特别舒服，握把上面是扩容弹夹，可以同时装一排36发水弹，装满子弹，拉开保险，扣动扳机，只听"砰"的一声，就会有子弹飞射而出，那声音简直逼真极了！如果不想让它发出声音怎么办呢？没关系，它的枪头有消音器，如果和伙伴们玩枪战游戏，可以来个神不知鬼不觉。它还配有四倍瞄准镜和一个激光灯，可以轻松瞄准目标射击。

除此之外，垂直握把还可以拿掉，换成榴弹发射器，当然这只是一个装饰，不能发射水弹，不过可以把消音器去掉换成消焰器，不影响枪的正常使用。如果把瞄准镜去掉，用眼睛瞄准的时候就会看到一个像"山"字一样的准星，对准中间的竖线打，保证一打一个准！

我太喜欢这把玩具枪了！

辅导老师：吴帅

技法点拨

这里所说的物品是静止不动的，也叫静物描写，比如你的文具盒，你的玩具枪，你的篮球鞋，你的一本新书……因为这些东西是静止不动的，除了介绍它的外形之外，好像没有其他地方可写了，所以好多学生一写自己的物品，就抓耳挠腮，觉得无从下笔，好不容易写完了，也是匆匆完成的应付之笔，并不能给读者留下深刻的印象。按理说，凡是你想要介绍给大家的物品，都是你非常熟悉的心爱之物，应该有很多话要说的，为什么却让你大费脑筋呢？原因就是你没有掌握写作技巧。那么，究竟应该如何写自己的物品呢？今天我们就来结合梁起凡小朋友的这一篇《我的玩具枪》，来谈一谈如何写好静态物品。

一、写出物品的外形

当我们要给小伙伴们介绍自己心爱的物品时，你知道小伙伴对什么比较感兴趣吗？对，就是外形。物品的种类有很多，比如玩具、文具、工艺品等，无论是什么物品，都要对其外形进行详细的介绍，它是什么形状的、有多宽多长、上面有什么图案装饰，这些都要向别人介绍出来。

我们还是来看看梁起凡这篇文章吧，"侧面有四根黄草样的花纹，扳机的左边有一颗彩绘子弹，好像随时都可以冲出枪膛射向远方，一条金色的龙贯穿枪身，看着就特别威武，怪不得叫黄金龙骨呢。"这个片段小作者抓住了玩具枪的侧面花纹的颜色，扳机的彩绘子弹图案，金色的龙形图案枪身来描写。当然了，如果他能够再写出枪的长短就会更直观了。

二、写出它的构造

我们在介绍物品的时候，要按照一定的顺序把物品的构造写出来，由此可见，我们写作文的时候，不管写什么样的作文都是讲究顺序的，顺序不仅是我们观察物品的脉络，也是写作的线索，只有线索清晰了，读者才能够一目了然，很快明白我们的意图。物品的观察顺序一般都是由整体到

局部、由局部到整体、从前往后、从上到下等等。

我们来看看《我的玩具枪》这篇作文，小作者是按照什么顺序来介绍这把玩具枪的构造的。"首先看它的'皮肤'""其次再看它的配件""除此之外，垂直握把还可以拿掉，换成榴弹发射器"，看出来了吗？他是用了表示顺序的词"首先""其次""除此之外"，依次介绍了皮肤——外形，配件，握把，准星等构件，这些构件就是玩具枪的构造。

这是写玩具枪的构造，如果我们要写文具或家用电器（家用电器也属于物品）该如何写它的构造呢？方法是多样的，你可以按照梁起凡的方法，也可以按照别的方法去写，比如你要介绍的是你心爱的文具盒，你就可以按照外表、打开之后里面有几层这样的构造去介绍，你要介绍一本书可以从封面、书脊、环衬、护封、正文、封底等方面去介绍，至于家电就更简单了，因为每一种家电都有说明书，直接按使用说明书的构造顺序去介绍就可以。

三、写出它的材质

对于一种物品的介绍，材质是不可忽视的一个环节，材质决定着它的好坏，也是伙伴们的评判依据。不同的材质维护方法是不一样的，所以我们在介绍的时候一定要体现它的材质。比如文具盒一般是铁皮制作的，玩偶一般都是用绒布和丝绵制作的。

梁起凡的这篇作文是三年级上册作文起步的时候写的，他没有接触那么多的写作方法，最主要的是玩具枪的制作材料伙伴们都很熟悉，一般都是塑料制品，所以他就没有作出具体介绍。但这样一篇作文对三年级的小朋友来说已经很不错了，因此这篇作文发表在《故事作文》上。

四、写出它的功能

物品的外形、构造、材质都介绍完了，接下来就要介绍它的功能了。功能就是用途，每一样部件都是干什么用的，只有把功能介绍出来，下一步的玩法才能讲明白。

我们还是用梁起凡的这篇作文来具体说明吧，"它的枪尾有垂直握把，

手感特别舒服，握把上面是扩容弹夹，可以同时装一排 36 发水弹，装满子弹，拉开保险，扣动扳机，只听'砰'的一声，就会有子弹飞射而出"，这个片段介绍的是握把、保险、扳机的功能，你们看出来了吗？再比如"如果不想让它发出声音怎么办呢？没关系，它的枪头有消音器，如果和伙伴们玩枪战游戏，可以来个神不知鬼不觉。它还配有四倍瞄准镜和一个激光灯，可以轻松瞄准目标射击"这个片段，介绍的是消音器、瞄准镜和激光灯的功能。

五、写出它的使用方法

当我们新接触一样产品的时候，怎样去学习它的使用呢？肯定是看使用说明书，我们介绍物品的使用方法，其实就是向小伙伴，或者是向读者介绍这样东西如何使用，这才是读者最关心的问题，因为一样物品如果他们不会用，最多也就是一种摆设，没有实际意义。一般情况下，像玩具类的物品，介绍功能的时候就顺便把使用方法介绍出来了。

前面的功能部分，《我的玩具枪》这篇作文已经做了两个片段的分析，现在再来看看"如果把瞄准镜去掉，用眼睛瞄准的时候就会看到一个像'山'字一样的准星，对准中间的竖线打，保证一打一个准！"这个片段，这里介绍的是玩具枪不用瞄准器瞄准射击的方法。

六、联想不可少

无论是什么样的作文，一旦离开了联想和想象，都会缺少很多灵性，显得没有趣味，想象和观察就好比是鱼和水的关系，它们谁也离不开谁，所以，写物品的作文同样离不开想象。比如写一幅画，你把画中的情景通过想象描摹出动态画面，层次立马就会得到质的提升，让人感觉到画面感十足了。最简单的我们耳熟能详的"远看山有色，近听水无声。春去花还在，人来鸟不惊"这首描写画的诗，短短二十个字，就用了大量的想象和联想。

我们来看"首先看它的'皮肤'。'黄金龙骨'的侧面有四根黄草样的花纹，扳机的左边有一颗彩绘子弹，好像随时都可以冲出枪膛射向远方，一条金色的龙贯穿枪身，看着就特别威武"这个片段，你能看出来哪里运用了想

象吗？是的，"皮肤"这个词用了拟人的修辞手法，把玩具枪当成人来写，喜爱之情不言而喻；"扳机的左边有一颗彩绘子弹，好像随时都可以冲出枪膛射向远方"这个句子是典型的想象吧？生动形象地写出了看到彩绘子弹时的心理，有一种跃跃欲试的冲动。

好了，今天我们通过梁起凡这篇作文，简要介绍了写好物品，也就是静物的几种方法，课下我们可以找一样自己最心爱的物品来练习一下哦！

9. 想象作文如何写

🌼 我和神笔马良过了一天 🌼

河南省新蔡县河坞乡戚楼小学　吴雨泽

2836年，我坐着时光机来到一个很陌生的地方。仔细一看，咦，这不是神笔马良的家吗？只见一个熟悉的身影在那里坐着。原来是马良呀！我立马冲上去问："你是马良吗？"

他迷惑不解地问："你怎么知道我的名字？"

我兴奋地说："现在全宇宙都知道你的名字了。快和我一起到我们的世界去吧！"路上他问我："你想要什么？"我说："你可以给我画一套《查理九世》全集吗？"他不屑地说："这孩子怎么那么幼稚呀！"我立刻意识到自己说错了话，连忙说："我们家乡这几年的环境不太好，你可以改善一下吗？"他立刻拿出神笔嗖嗖画了几笔，顿时家乡变得山清水秀，鸟语花香，接着他又画了一些机器人。马良说："现在我们可以出去玩了。"

我们一起去游乐场玩了过山车、小飞机、海盗船……正当我们玩得开心时，忽然来了一只巨怪把画笔夺走了。我和马良偷偷来到了怪兽的洞穴。只见怪兽正凶神恶煞地瞪着我们，厉声对马良说："你给我画一座金山，否则别怪我不客气！"马良不理他，于是怪兽把我们关到监狱里，马良拿起画笔画了一把钥匙把监狱门打开了，接着又画了一架飞机把我们送回去了。

当我们回到家时发现地面上一尘不染，空气中弥漫着淡淡的栀子花香，

我不禁脱口而出："这真是'忽如一夜春风来，千树万树梨花开'啊！"马良微微一笑说："我刚开始画的那些都是扫地机器人，专门清洁地球卫生的。"

很快马良就要回去了，临走时他拿出一个很大的盒子神秘兮兮地对我说："我走后你才能打开。"送走马良后我连忙把那个盒子打开，只见里面是一套我梦寐以求的完整版《查理九世》。

辅导老师：吴帅

技法点拨

从古至今，想象一直是人们热衷的事情，因为想象人类才得以遨游太空，因为想象人类才得以潜入深海，因为想象，人类实现了一个个不可能。可以这样说，想象是生活的助推器，它帮助人类改造自然、改善生活，尤其是小孩子的想象力更是天马行空、无拘无束。在孩子的世界里，鸟兽虫鱼会说话，花草树木有感情，还可以前八百年后一万年进行穿越……那么我们如何把这种想象的内容用文字记录下来呢？这就是我们今天要讲的想象作文。

什么是想象作文？通过大胆的想象，在我们的头脑中想象出一些现在还无法实现而将来或许可以实现的事物，把它写出来，这叫作想象作文。想象作文一般可分为两大类：一是写自己的设想、追求、愿望、梦境的习作，这一类作文往往与科幻结合在一起。还有一类就是深受大家喜爱的童话，童话运用"拟人"的手法，把各种动物、植物等赋予了人的生命，使它们有语言、动作、神情、心理等等，然后通过生动有趣的故事，告诉读者一些有关"真、善、美"的道理；也有的寄予人们美好的愿望等。

今天，我们就结合吴雨泽这篇发表在《趣味语文》上面的《我和神笔马良过了一天》，来具体聊一聊想象类作文如何写。

一、想象要大胆离奇

想象作文关键是想，可以说大胆离奇是想象的灵魂，开始想的时候不要想着它是不是合理啊，有没有人质疑啊，想象首先就要让自己的思维得到空前的解放，摆脱掉现实生活中的条条框框，一旦摆脱不了现实的窠臼想象就死了。很多时候想象力就是一个人的创造力，我们评判一个人是否有创新精神，就是看他的想法是否新颖独特，想别人所不敢想。我经常对学生讲，想象作文就是写在现实生活中解决不了的问题，现实生活中能够解决也就不叫想象了。有人不是说了吗，想象还是要有的，万一实现了呢？远古时代，我们的祖先怎么可能上天入地遨游太空，但他们不照样想象出了嫦娥奔月、后羿射日、大闹天宫吗？如果我们的祖先不敢于想象，恐怕就没有宇宙飞船、电视、飞机这一类的发明了。

我们来看吴雨泽的这篇作文，和神笔马良过了一天，现实中可能吗？当然不可能，但想象中就可能啊，因为别人一看就知道你是想象的，也就不会去纠结这是不是可能的问题了。在这一天神笔马良帮人类改善了居住环境，和小作者一起去游乐园游玩，还带领小作者做了一回英雄——智惩巨怪，最后临走之时实现了小作者的梦想……这些可谓离奇之极，但正是这离奇的想象才能够吸引读者读下去。

二、想象要依托生活

刚刚说了想象要大胆离奇，但再离奇、再大胆，也都要依托生活。不是说了吗？生活是习作的源泉。也就是说，不管你写哪一类的作文，都离不开生活这个源泉，如果离开了生活，它将成为无源之水。这就是说想象作文并不是漫无边界的胡编乱想，它要符合实际。只有热爱生活、观察生活、熟悉生活，才能有取之不尽的写作素材。这和第一点并不矛盾，第一点是要求我们首先要打开想象的大门，打开大门之后就要构思一下如何从生活中得到印证。

刚才我也说了，想象就是在现实生活中不可能实现的，就是要借助想象来帮助我们解决生活中的难题。我们来看看吴雨泽的这篇作文，"你可以给我画一套《查理九世》全集吗？"从这一句我们可以看出现实生活中小作者非常渴望得到一套《查理九世》，于是就借助想象来满足，"'我们家乡这几年的环境不太好，你可以改善一下吗？'他立刻拿出神笔嗖嗖画了几笔，顿时山清水秀、鸟语花香，接着他又画了一些机器人"，环境污染是如今社会一大问题，于是小作者就想着马良能够用他的神笔帮助人类解决。"当我们回到家时发现地面上一尘不染，空气中弥漫着淡淡的栀子花香，我不禁脱口而出："这真是'忽如一夜春风来，千树万树梨花开'啊！"这一处的环境描写很明显来源于对生活的观察，但仅仅来源于生活可不是合格的想象作文，还必须高于生活。

另外，如果我们的想象作文是写家喻户晓的人物的话，还要注意你的想象一定得和人们熟悉的能力有关，比如吴雨泽的这一篇，他写的是和神笔马良过一天，那么故事就要让马良的神笔发挥作用，而不是让马良像孙悟空一样上天入地、除妖降魔、七十二变。我们可以看一下，吴雨泽这篇作文就是通过马良用他的神笔帮助自己解决生活中的问题，而没有用其他功能，这就符合人们的正常认知，这也是想象要合理的一个方面。

三、构思要别出心裁

很多学生一写想象作文，就是今天我做了一个梦，梦见……最后梦醒了，一切又都消失了。这就是千篇一律，没有做到新颖、别出心裁。难道想象只能在梦中进行吗？想入非非也是想象啊，幻想一定要在梦中吗？这就要求我们不要落入别人的框框里走不出来，一定要别出心裁，用自己独有的构思把你的故事创编出来。试问一下，你写的想象作文，有谁不知道你是想象出来的？还用得着梦啊梦啊地去交代吗？

我们来看吴雨泽的这篇想象作文，全文没有一个"梦"字，结尾"很快马良就要回去了，临走时他拿出一个很大的盒子神秘兮兮地对我说：'我走后你才能打开。'送走马良后我连忙把那个盒子打开，只见里面是一套

我梦寐以求的完整版《查理九世》。"开头"我"曾向马良要过一套《查理九世》，但马良说"我"幼稚，可离别之时又满足了"我"的愿望，给人一种依着故事的走向自然结尾的感觉，让人回味无穷，比以梦结尾要好上百倍了。

四、情节要曲折生动

文似看山不喜平，任何一种体裁的文章都要一波三折，这是每一个写作者都要注意的问题，平淡无奇的文章是吸引不了读者注意的，别人也没有读下去的兴致，想象作文就是想象出相关的故事情节，所以更要注意情节的波折、生动。

我们来看吴雨泽的这篇作文，他通过几件事来展开故事情节的？三件，分别是改善人居环境、游乐园玩耍、智斗怪兽，如果只围绕一件事具体展开可不可以呢？当然可以，但那样就显得太平淡无奇了，只有这种一波三折的故事情节才能够吸引读者，也能够反映出作者驾驭文字的能力。

五、解决生活所不能

在第二点，我就说了想象作文要依托生活，又要高于生活，要能解决生活中所不能，现在再把这一个问题单独谈一谈。无论是古人还是我们自己，之所以会产生一系列的联想和想象，就是因为我们在生活中遇到了困难，现实中解决不了，就借助想象来憧憬一下。我们的祖先就是因为听不见太远的声音，所以他们就想着有一种神人可以听见很远处的声音，因此就有了顺风耳，因为他们想看见千里之外的世界，所以就有了千里眼，因为在生活中需要快速移动，所以就有了腾云驾雾的神仙……人类都是借助想象解决生活中不能解决的事情。

我经常对学生讲，为什么要让你想象未来的学校、未来的衣服、未来的鞋子、未来的房子等等，就是因为在如今的生活中，这些东西有很多弊端需要解决，我们通过想象让它们变得更完美，让我们的生活更美好，这就是想象的功能和意义。如果你想象中的衣服还不如现在的完美，那就不能称之为想象了。

六、情感传递真善美

　　《作文周刊》曾经向我约稿，让我写一篇《安徒生童话》的导读，我很早就发现童话都是向人们传递真善美的，于是我的题目就定为《向美而生，向善而行》，所选的片段也都是很美的。回顾一下我们读到过的童话、神话、民间故事，是不是都在向我们传递一种弘扬真善美、批判假恶丑的思想呢？所以我们的想象固然很美好，但一定要思想健康，具有积极的意义，而不能传递消极的思想，这就是我们平时所说的正能量。举个例子来说吧，《宝葫芦的秘密》为什么受欢迎？因为主人公王葆明白了靠宝葫芦得来的并不是自己想要的生活，只有通过自己的努力得到的幸福才是真正的幸福。如果整本小说都在说王葆靠宝葫芦替换了试卷、得到了不属于自己的玩具等等而不知悔改，认识不到自己的错误，我想这本书一定不会受欢迎，因为它不具有正能量。所以我们的想象一定要具有正能量，不能借助想象去做一些违法乱纪的事情。

　　我们来看吴雨泽这一篇作文，和马良过了一天，所做的都是有利于人们的好事，虽然有点小心思——拥有一套《查理九世》，但这恰恰是小孩子想法的真实再现，使文章更具有真实性，更主要的是拥有一套书并不是什么坏事，而是喜欢学习的表现。

　　今天我们就聊这么多吧，这些方法你掌握了吗？赶快张开想象的翅膀，写出你自己的故事吧！

10. 如何写小小说

饭　局

河南省新蔡县河坞乡戚楼小学　吴迪

"明天领导要请大家吃饭，大家把自己父母也带过来。"一大早，人事主管就在早会上对全体员工说。"嘿，这公司真奇怪，还请应聘者吃饭。""我也听说咱们这领导啊，特别孝顺。""可孝顺也应该对自己的爸妈孝顺啊，估计是看谁贪吃，还真把自己父母带来了吧？"大家七嘴八舌议论开了，这时主管清了清嗓子说："明天的应聘者不要忘了今天的安排，都散了吧！"

静儿和其他应聘者一起走出大楼，心里也在犯嘀咕：这样的饭局，领导葫芦里到底卖的什么药？

静儿回到家，刚推开门就看见母亲已经在桌子上摆好了饭菜，看着妈妈一瘸一拐的样子，静儿装作微怒的样子说："妈，我不是跟你说了吗，等我回来我来做，你明知道自己腿脚不好……""没事儿，你都在外面跑了一天了，想让你回来就能吃上一口热乎饭……"静儿看着桌子上清一色的素菜，心里也不是滋味儿——自从去年失业后，静儿一直没找到合适的工作，积蓄倒是越花越少，母亲为了省钱，每天下午去菜市场淘便宜菜，这次应聘要是再不成功，恐怕娘俩的生活都要犯难了。可今天公司领导又卖的什么药？带着老母亲过去吧，确实不方便，不带吧，领导又发话了……静儿坐在餐桌前发起了呆。

"静儿，来给我搭把手！"静儿回过神赶紧跑到厨房里，看见锅里炖着几块大骨头。"今天我去菜市场买菜的时候，有个卖肉的天天叫我去买肉我都没去，没想到今天去竟然给了我几个大骨头，说今天不卖了，看我老年人怪可怜的，送给我了……"静儿的鼻子一酸差点落泪。

"妈，我明天带你去吃顿好的。"

"吃啥好的？我看咱现在这样就行，你还是把钱省省吧，别老大手大脚的。"

"是我们领导请客，又不用咱花钱。"

"那也不成啊，哪儿有请客带上我这老年人的，给你们添麻烦。"

"那你要是不去，我也不去了。"

"好好好，我去还不成嘛！"

第二天，静儿扶着母亲走进酒店包间时里面已经坐满人了，果然整个包间里只有静儿带着家人来了，母亲尴尬地笑笑，在静儿的搀扶下入了座。

吃饭时，母亲害怕给静儿丢脸，夹菜都谨慎不已，突然"哐当"一声脆响，母亲的杯子不小心摔在了地上，饮料洒了一地，母亲慌得不知所措，刚要弯腰去捡，静儿伸手拦住了，让母亲坐好不要动，用餐巾纸帮母亲擦了擦衣服，赶紧找来扫把打扫了一下，冲大伙歉意一笑。

由于母亲腿脚不便，够不着远处的菜，整个饭局大家都在把酒言欢，只有静儿一直在照顾母亲，直到人都散了才扶着母亲走了出去。

回到家，母亲一直哭个不停，说给静儿丢脸了，这次应聘人家肯定不要了，静儿却若无其事地说："没事儿，大不了再找下一家。"

第二天，招聘入选名单公布了，静儿是唯一应聘成功者。

辅导老师：吴帅

技法点拨

小小说又称为微型小说。小小说体现出"以小见大"特征。它篇幅短小，人物单纯，细节精简，情绪简单，时距简短，风格单纯，语言简约。其中，篇幅短小、千字左右，是它的外部特征；选材精、结构巧、含意深，是它的本质特点。统编版语文教材从六年级上册第四单元开始涉及小小说，首次让学生尝试小小说的创作。虽然小小说在小学阶段并不常用，但我们有必要了解这种文体的写作特点，并尝试创作简单的小小说。今天我就结合吴迪发表在《创新作文》的这篇小小说，来给大家简单地分析一下小小说的创作要点。

在那一单元的语文要素中，提出了"读小说，关注情节、环境，感受人物形象"的要求，从这句话里，我们可以了解到小小说的三要素：情节、环境、人物形象。其实，小小说就是通过各种描写手法去塑造人物形象的，因此，在小小说的创作中，我们完全可以借鉴人物描写的方法去刻画人物形象。

小小说的创作追求四个字：微、新、密、奇，下面我就围绕这四个字来给大家解读一下。

一、篇幅要微

篇幅要微，顾名思义就是篇幅要短小，一般不超过 1500 个字，因此，构思和行文时必须注意字句的凝练，不允许作品中有赘词冗句。其实，我最初学习写作的时候就是写小小说的，当时我把洋洋洒洒四五千字的稿子发给指导老师看时，我的指导老师就说："删、删、删！最多不允许超过 2200 个字，不要写那么多废话，生怕读者读不懂似的，不要考虑读者的理解水平，只管考虑自己的语言是否凝练就行了。"

我们来看吴迪的这篇小小说，全文 1000 余字，却把三个场景都浓缩到一块了：招聘时主管提出要求——家中母女对话——酒店就餐，三个场景非常紧凑，没有过多的解释，但我们却可以理解作者要表达的意思。

二、立意要新

所谓立意要新，就是说我们在创作小小说时要注意立意新颖，风格清新，不要人云亦云，落入前人的窠臼。如何做到立意新呢？动笔之前先问问自己，这个主题别人写过没有，一般人写这个题目会从哪些方面去写，我如何绕过大众的思维另辟蹊径……只有动笔之前先把各种可能都考虑到了，避开别人都可能想到的思路，才可能推陈出新。美国著名科幻作家弗里蒂克·布朗写的一篇被称为世界上最短的科学幻想小说："地球上最后一个人独自坐在房间里，这时忽然响起了敲门声……"就写得十分别致而耐人寻味，简单的一句话就把小小说的特点阐释出来了，地球上的最后一个人坐在房间里，听到了敲门声，这敲门声来自哪里？门外会是什么呢？这些都是我们一般人想不到的，这就叫新。

我们来看吴迪的这篇《饭局》，对于成人来说，这种想法司空见惯，很多鸡汤文学经常出现类似的主题，比如给母亲洗脚、带母亲出游之类的，但是作为一个六年级的学生，初次接触小小说，能够想到这种构思的确不简单。她这篇小小说的思路是主管招聘的选拔标准就是看应聘者是否有一颗孝心，接着通过回家之后静儿和母亲的对话可以想到背后的故事，最后静儿不顾母亲的反对以及众人异样的目光，亲自照顾母亲吃饭，最终成为唯一人选者。思路非常清晰，构思非常巧妙，这就体现出了"新"。

三、结构要密

结构要密就是指结构严密。小小说不同于长篇小说，也不同于写人记事的文章，结构上应力求将时间、场所、人物都尽可能地压缩、集中，使作品结构简练、精巧。所以，要在选材、剪裁和布局上特别下功夫。一般情况下，我们看一篇小小说，它的场景都非常集中，时间也非常紧凑，并不是把几个场景、几个时间段的故事串联到一块的，像《桥》（部编版语文六年级上册课文）故事就是发生在老支书指挥村民过桥这一个场景里面，没有过多的铺垫。所以我们在初步学习小小说创作的时候，要尝试着选取一个场景，一个时间点，把这个时间段的故事通过情节渲染出来就可以了。

我们看吴迪的这篇小小说，其实，真正的场景就两个，一个是家里，一个是酒店，这两个场景是相辅相成的，家中母女的聊天才会产生出酒店的感人一幕。

四、结尾要奇

结尾要奇指的是结尾要新奇巧妙，出人意料。微型小说的特点多半在于一个"奇"字。小小说的结尾最忌讳的就是拖沓，一定要做到干净利落，起到一种言已尽意无穷的效果。虽然小小说追求的结尾是奇，但也要通过整篇文章去铺垫、渲染，让人感到这种结尾虽说出人意料，但又合乎情理。还是拿《桥》这篇小小说来说吧，结尾是一个老太太被人搀扶着来祭奠，她来祭奠两个人，她的丈夫和儿子。整个故事中就牺牲了两个人，小伙子和老支书，结尾点明了二者的关系，给人一种意想不到的效果，但从前文情节的分析中，我们可以看出这在意料之中。

我们来看《饭局》这篇小小说，结尾是"第二天，招聘入选名单公布了，静儿是唯一应聘成功者"，按照常人的思维，静儿在饭局中的表现的确有点不太"文雅"，然而她却成功入选，有点出乎意料，但结合前面主管的要求，以及静儿在家中、酒店的表现，可以看出静儿是一个有孝心，不在乎别人的眼光的人，她能够成功又在情理之中。

另外还有两点，对小小说的创作也很关键。一是情节必须要有矛盾、要有冲突，不能够平铺直叙，可以说矛盾是小小说的灵魂，离开了矛盾，就不能够构成一篇小小说。小小说就是通过情节塑造人物形象的，如果没有矛盾就不能够彰显人物的立体形象。在这一点上，小小说还不像叙事的作文只讲究叙事的一波三折，因为小小说的篇幅有限，不可能给你一件一件叙述的机会，这就要求我们要在一件事情中把矛盾营造出来。就拿这篇《饭局》来说吧，矛盾主要体现在两处，一是静儿的母亲不愿意让静儿出丑，不愿意参加这次的饭局，二是饭局中由于静儿母亲腿脚不便出现的尴尬的场面，这两次矛盾静儿都能够成功化解，静儿的形象就通过这两次矛盾凸显了出来。

第二点就是环境的渲染，环境在小说中主要起到以下几种作用：交代

社会背景，为情节发展奠定基础；暗示、烘托角色心情；衬托角色活动，使人物形象活灵活现；揭示人物性格；反衬人物形象；渲染气氛；推动故事情节发展。因此小说中的环境描写是至关重要的，不是可有可无的，而是服务于文章的主题和人物刻画，而且它与文章的主题以及所塑造的人物形象密不可分。要想写好小说，就要学会在小说中巧妙而恰当地运用环境描写。就拿《桥》这篇小小说来说吧，文中出现了大量的环境描写，通过这些环境描写来推动情节的发展，暗示情势越来越严峻，死亡正在一步步逼近老汉，这就为人物的塑造起到助推的作用。毕竟是刚接触小小说的创编，我们可以看出吴迪的这篇小小说中没有出现环境描写。

好了，今天我们结合吴迪的《饭局》，简单聊了一下小小说的创作事项，希望大家在今后的写作中能够合理运用，创作出我们自己的小小说。

11. 如何写议论文

 成功需要机遇

河南省新蔡县河坞乡戚楼小学　吴迪

有人说，一个人的成功，离不开背后一家人的支持，有人说，一个人的成功，是自己奋斗的结果，但是我认为成功需要机遇。

是金子总会发光，是钉子总会冒尖，是美酒不怕巷子深……可是如若某样事物没有一个好的展示机会，那么它注定只能平庸地过完一生，即使它是珍珠，即使它是金子，即使它是美酒。

都知道牛顿的故事吧？相传牛顿是在苹果树下思考问题的时候，苹果掉了下来，砸到了他的脑袋，于是他就思考苹果为什么会掉下来，最后得出了万有引力，成为世界著名的物理学家。如果没有苹果掉下来这个契机，那么他可能就不会向这个方面思考，更不可能发现万有引力，也不可能一举成名。苹果砸了多少人的脑袋啊，可只有砸到牛顿时才会成为不一样的苹果。

瓦特当年发明蒸汽机时，源于小时候看到开水壶冒出的蒸汽把壶口的塞子顶出来。他看到蒸汽的威力如此之大，才想到发明蒸汽机。水蒸气这一现象许多人都看到，可只有当瓦特看到了才引领了一场工业革命。

大家都知道三国时期的赤壁之战吧？伟大的诗人杜牧曾写了这样一首诗："折戟沉沙铁未销，自将磨洗认前朝。东风不与周郎便，铜雀春深锁二乔。"

是的，后两句是杜牧对赤壁之战的见解，他认为如果没有东风，那么东吴必定要败。如果蒙牛企业当年没有被同行逼入绝境，那么它就不会一跃成为现在世界著名的乳业公司。卓别林如果不是因为母亲嗓子哑，无法上场，那么他的艺术天赋将永远都不会被发现。

一个人的成功，靠的是自己的才华、努力，还有机遇。只有抓住了机遇，才华才会被人发现，如果抓不住机遇，即使你再有才，也没有人会关注你。没有几个人从出生就被人注意，想要获得成功，就必须抓住机遇，就像比尔·盖茨，如果他没有抓住制作电脑芯片这个机遇的话，那么他就不可能被世人知晓。

所以成功并不仅仅只靠才华，还要靠机遇。机不可失，时不再来，这是最好的诠释吧？

辅导老师：吴帅

技法点拨

生活中很多时候需要我们向别人讲述一个观点，或者是要与别人进行一番论辩，讲明一个道理，这时候我们所用的文体就是议论文，议论文是初高中常见的一种文体，小学阶段不常见，只有六年级下学期在中小学衔接过程中才会初步接触议论文。但是，议论文作为一种常见文体，日常生活中运用得也是比较多的，所以我们有必要了解一下议论文的写作方法。今天我们就来结合吴迪的这篇《成功需要机遇》来谈一谈简单的议论文应该如何写。

一、明确的目的

当我们了解生活中的某件事情、某个现象或某些问题时，总会形成自己的看法、主张与观点，把这些看法、主张与观点表达出来，并加以阐释、

说明，就是议论；写成文章，就是议论文。

议论文写作的目的就是为了阐述正确的看法、主张与观点，明辨是非，议论的生命就在于此。如果对生活中某件事情、某个现象或某些问题没有自己的看法、主张与观点，就没有写议论文的必要。写了没有针对性的议论文，就是无的放矢、无病呻吟。好的议论文，不但要有明确的针对性，还应该积极倡导正确的看法、主张与观点。

所以，写议论文首先就需要我们明确目的，知道是要说明什么问题，只有这样我们才能在准备过程中搜集相关的论证材料。就拿吴迪这篇《成功需要机遇》来说吧，她的目的是说明成功离不开机遇，在准备材料的过程中，她就要着手搜集有关机遇的重要性的事例，而不是其他的。

二、正确的观点

观点就是我们的看法与主张。一篇议论文，只有一个主要的看法与主张，这是文章的中心论点。有的议论文还有分论点。分论点是从中心论点分解出来的，从属于中心论点，几个分论点共同论证中心论点。但在小学阶段我们不需要了解分论点，一篇文章围绕一个中心论点去论证即可。

观点是议论文的灵魂，一个错误的观点哪怕能够自圆其说，也是无法得到大家认可的。因此，要想写出一篇合格的议论文，首先要做到观点正确，才能够有说服力，才能够得到读者的认可。什么样的观点是正确的呢？它的评判依据就是要看它是否符合广大群众的利益与道德标准。

议论文要能写得引人深思、发人深省，必须有深刻而有创意的观点。这里的深刻而有创意，不只是指言他人所未言，还指观点是从司空见惯的事情、现象或问题中看出与众不同之处。比如《真理诞生于一百个问号之后》（部编版语文六年级下册课文），作者就是从三件司空见惯的事例中得到中心论点——真理诞生于一百个问号之后。我们再来看吴迪的这篇文章，她的观点就是成功需要机遇，但她并没有否定其他的因素，只是在告诉人们机遇也是很重要的，这就符合人们的常识：成功都是给有准备的人的，只有有准备的人才会善于发现机遇，抓住机遇。

三、充实的论证

写议论文，应该注意议论文的要素，即：论点、论据、论证。要内容充实，最要注重论据与论证。

论据是用来证明论点的根据。一般是用事实、道理、定律、公式来证明论点的正确性。作为论据的事实、史实与数据，必须确凿无误，否则论点就站不住脚。我们都知道警察抓小偷也是需要证据的，这个证据就是论据。论据要充分，也要真实可信。

如果说论据是证据、是材料，那么论证是运用论据证明论点的过程与方法。不是说有了论据就可以让人信服，还需要讲究一定的策略和方法，把论据合理地组织到一块才能够达到较强的说服力。常用论证的类型一般分为两种：立论与驳论。立论是对一定的事件或问题阐述见解与主张的论证方式。驳论是对片面的、错误的甚至反动的见解或主张进行批驳，只要批驳成立就行了。立论与驳论常常是互相联系的，在立论的文章中有时也要批驳错误观点，驳论中有时也要立论，阐明自己的正确观点。

常用的论证方法，就内容而言，有事实论证（举例论证）、道理论证（引用论证）；就方式而言，有对比论证、比喻论证、归谬论证、正反论证等。

我们来看看吴迪的这篇文章，为了证明自己的观点运用了道理论证（引用名言）：是金子总会发光，是钉子总会冒尖，是美酒不怕巷子深……举例论证，有牛顿、瓦特、周瑜等古今中外名人的事例，名人的事例更有说服力，古今中外都谈到才说明这不是个例，而是普遍的规律，更令人信服。

四、清晰的逻辑

不管什么文体的文章，都要讲究逻辑的严密清晰，议论文尤其是这样。一段毫无逻辑的话，只能让人读了不知所云。逻辑的严密体现在论证上。论证要严密，无懈可击，清晰地表现在行文上，让人读了一目了然。议论文不能够胡言乱语，所以语言要求准确，同时又不必板起面孔说话，所以语言尽可能活泼一些。

议论文常见模式：

1. 总分式（最常见的全文结构，也称"总分总式"）

议论文的全文总体结构一般都是这种结构模式。在议论文的写作中，往往围绕文章的中心论点或议论的中心问题，展开层次，逐一阐述，最后得出结论，要遵循由"是什么"到"为什么"再到"怎么办"，即我们常说的"提出问题""分析问题""解决问题"这样一个过程。这种全文的论证过程是由人们认识事物时思维的自然过程决定的，不是人们主观赋予或规定的。就拿吴迪的这篇文章来说吧，开头提出自己的观点，成功需要机遇；接下来用几个事例来证明自己的观点；最后结尾处再一次点明自己的观点。

2. 并列式（比较常见的论证结构）

并列式，也叫"横式"，也叫排比论证。它常用于议论文的论证部分，其特点是，论证的层次作横向展开，分论点之间的关系是并列的，也就是分论点从不同的角度、不同的侧面对中心论点或论述的中心问题展开论证，使文章呈现出一种多管齐下、齐头并进的格局。并列式的各个分论点，其先后次序有时是可以前后互换的；它们看起来各自独立，其实是紧密相关、不可分割的一个整体。无论是吴迪的这篇文章的论证部分，还是《真理诞生于一百个问号之后》的论证部分，都采用了这种并列式的论证结构，这种论证结构几件事例没有先后之分，可以调换顺序。

不管怎么说，议论文的写作在证明自己的观点的时候，切不可写成孤证，一定要让自己所举的论据具有普遍性，这样才能增加论说的严密性，不会让人一攻即破。举例论证一般列举三个即可，而且这三个事例在写法上也要注意详略搭配，切不可平均用力。

今天，我们结合吴迪的这篇《成功需要机遇》具体谈了一般议论文的写作方法，同学们掌握了吗？

12. 游记如何写

 游春华湖

河南省新蔡县河粉坞乡戚楼小学　吴雨泽

今天我有幸去参观了石营的春华湖。

刚进入公园最引人注意的就是那个石牌楼，石牌楼大约七八米高，两根石柱托起一个屋檐形的顶盖，上书"春华湖"三个大字，显得格外宏伟壮观。

走进石牌楼第一眼看到的当然是春华湖了。虽说只是一个村级小湖，景色丝毫不逊色于县城的五大湖。你看它两岸是绿茵茵的草地，随风飘动的垂柳。春华湖有五百六十平方米，宽广的湖面像是一面镜子，倒映着两岸的绿树红花，湖水清澈见底，湖岸还停泊着一艘渔船，供游客游玩。

沿着湖岸向右走，就来到了赫赫有名的文化长廊。长廊有五六十米，分成二十多间。红漆的柱子，绿色的栏杆，每一间横槛上都有彩绘的风景与人物图案，那么多图案没有哪两幅是相同的。长廊两边的花有名字的，没名字的，在一起竞相开放，这一丛那一簇显得十分自然，微风拂过，阵阵花香沁人心脾，让人感觉特别舒服。

浏览完文化长廊向右转弯就来到了垂钓园。许多叔叔阿姨坐在湖边，惬意地钓着鱼，时不时传来一阵呼喊声，一定是哪位幸运游客钓着鱼了。垂钓园旁边就是著名景点——结义亭，八角凉亭用彩绘图画讲述着桃园三

结义的历史故事。亭子下面一个小院里用稻草塑造了刘关张三人的塑像。湖中心的小岛上，处处都是桃树，估计就是"桃园"了，红的、白的、粉的桃花竞相开放，让人不由吟诵起"桃花一簇开无主，可爱深红爱浅红"来。

春华湖的景点还有许多，儿童乐园、鹅鸭池、荷塘月色、村史馆……说也说不尽，看也看不完。如果有时间，还是请你来参观一下吧。

辅导老师：吴帅

游记就是记录自己旅行的见闻，是我们常见的一种文学体裁，但是很多同学对游记类作文并不擅长，写出来的文字要么是流水账似的没有重点，要么是把游记写成了另类的记叙文。那么究竟应该怎样写游记类作文呢？今天我们来结合吴雨泽小朋友的这篇《游春华湖》，谈一谈游记的写法。

一、写之前先画个游览线路图

写游记作文在动笔之前一定要先画个游览线路图，这样心里才会有个明确的思路，这也叫写作的构思，只有提前构思好了，动笔写作的时候才能有的放矢。这个游览线路图可以画在演草纸上，也可以在心里勾画，不过建议最好画在演草纸上，毕竟好记性不如烂笔头。在游览线路图上要标注出每个地点都有哪些景物，这样可以帮助你去回忆当时游览的情景，让景物再现出来，写进你的作文中。

根据这一点我们就可以把这一篇作文的游览线路图画出来了：石牌楼→春华湖→文化长廊→垂钓园→结义亭，游览顺序清楚了，就不会在写作的时候无从下笔了。四年级的时候我们学过《颐和园》《记金华的双龙洞》《七

月的天山》，这几篇文章老师是不是都要求我们梳理出作者的游览路线呢？现在你知道为什么要这么做了吧？

二、移步换景交代顺序

游记一定要严格按照一定的顺序去写，因为我们在游览景物的时候是跟随自己的脚步切换景点的，这就是移步换景。前面我们已经讲过了，写之前要画出游览线路图，这个游览线路图其实就是我们的游览顺序，也是我们的写作顺序。有些学生在写游记的时候顺序混乱，刚才还在写那个地方呢，突然跳到了另一个地方，正当读者以为地点变化了的时候，忽然又回到了刚才那个地方，让读者感觉非常混乱，究其原因就是他没有围绕着自己画的游览线路图去写。这个时候我们就明白了，这个游览线路图除了帮你回忆、再现景点之外，还有一个作用就是帮助你梳理顺序，以防你走着走着"迷路"了。

按照移步换景的顺序，吴雨泽小朋友在这篇文章里重点介绍了"石牌楼→春华湖→文化长廊→垂钓园→结义亭"这几个景点，思路非常清晰，读者也能一目了然。需要提醒大家注意的是，在围绕游览线路图介绍景点的时候，一定要记住把一个地方的主要景点介绍完了，再去介绍另一个地方，千万不能够一会介绍这个地方，一会介绍那个地方，写着写着又想到已经介绍过的地方还有景点没有介绍，再拐回去介绍。实际游览的时候你或许可以那样做，但写作中如果那样做的话可是会导致语序混乱哦。

三、抓住主要景物

经常出去游玩的小朋友知道，每一个景区的景物是非常多的，如果让我们把这些景物一一罗列出来的话，恐怕要列出很长很长的清单了，让读者去浏览你的清单的话，恐怕没人会感兴趣，也不可能记住什么内容。这就要求我们在写景点的时候，要抓住主要景点去写，不要面面俱到，什么都想写进去，我一再强调面面俱到的结果一定是一无所获。

那么什么是主要景物呢？这里有两个标准，一个是你印象最深刻的是什么，一个是别人可能感兴趣的是什么。别人没有去，他只是在通过你的

文字去了解，因此你只需要看着你的游览线路图，去回忆、再现，凡是头脑中最先出现的景物，就是你认为的主要景点，也就是给你留下深刻印象的景物。

我们来看《游春华湖》这篇作文，石牌楼很明显相当于大门，所以作者就详细介绍了它的高大雄伟；春华湖主要介绍了湖岸的树、花、湖水、游船；文化长廊主要介绍的是长廊的长、横槛上的画、两旁的花；垂钓园主要介绍的自然就是垂钓的人；结义亭介绍了稻草塑像、桃花。

四、写出景物特点

主要景物确定了，是不是就可以去一一列举了呢？显然不是的，即使把主要景物都罗列出来了，你的文章内容也不充实，所列举的景物也是蜻蜓点水似的不能给读者留下深刻的印象，这就需要我们把景物的特点写出来。这一点我在"如何让景物'活'起来"一节里已经做了详细的讲解，这里就简单说一下，要想把景物特点写出来，就要充分调动多种感官，运用恰当的修辞手法、想象和联想，把景物的色、形、味，生动形象地描摹出来。

我们来看吴雨泽的这篇作文，"石牌楼大约七八米高，两根石柱托起一个屋檐形的顶盖，上书'春华湖'三个大字，显得格外宏伟壮观"，在写石牌楼的时候，作者运用了列数字和打比方的手法，把石牌楼的高大雄伟以及它的形状写了出来。再看这一句"春华湖有五百六十平方米，宽广的湖面像是一面镜子，倒映着两岸的绿树红花，湖水清澈见底"，作者运用了比喻的修辞手法写出了春华湖的静、清的特点。

五、景物不能重复出现

有些小朋友在写游记的时候，老是出现景物重叠交叉的现象，这其实就犯了重复啰唆的毛病。的确，现实生活中很多景区都有相同的景物反复出现在不同的景点，但我们写作文的时候是不能够重复写的，要知道那么多景物你就选取了几种还重复交叉，该有多少好的景物你介绍不出来了，且会让读者审美疲劳。所以除非是重复的景物相同之中又有很大不同，否

则一定记住不要让景物重叠交叉出现。

六、写景也要详略得当

写事要做到详略得当，写景同样也要做到详略得当，切不可平均用力。只有做到详略得当，才能突出重点，让读者把你最想让大家了解到的景物深深地记住，眉毛胡子一把抓的结果就是什么也抓不到。你看吴雨泽小朋友在这篇游记里，写了几个景点就没有平均用力，而是重点介绍了春华湖、文化长廊、结义亭等三处景点，略写的是石牌楼、垂钓园，一笔带过的是儿童乐园、鹅鸭池、荷塘月色、村史馆。这样自然就能够给读者留下深刻的印象了。

另外，我们在写游记的时候，还要注意要写出自己的情感，合理地选择景物，不能犯写实主义的错误。我经常会看到小朋友们的游记中不好的景物，心情不好之类的也写进去，这显然不符合我们的写作主题。我们写游记就是要向读者介绍美景的，你把不好的东西写进去了，让读者如何还想去玩呢？打个比方来说吧，一篇游记好比是个美丽的小姑娘，咋看咋惹人喜爱，可突然你看到她脸上出现了一个脓疮，这种美感是不是瞬间就消失了呢？

小朋友们，如何写游记，这些方法你掌握了吗？

13. 如何写故事梗概（缩写）

 《鲁滨孙漂流记》缩写

河南省新蔡县河坞乡戚楼小学　戚意帆

鲁滨孙是一个酷爱航海和冒险的英国人，他不听父母的劝告，首次航海便被海盗俘虏，可怜巴巴地当了两年奴隶后，鲁滨孙顺利逃脱，之后开始在巴西经营种植园。

风平浪静的生活让鲁滨孙很不甘心，他又一次开始自己的冒险之旅，不幸的是，这次航海将他困在了一个荒岛上。乐观坚强的鲁滨孙将船上的可用之物都拿了下来，还带走一条狗和两只猫。

鲁滨孙走遍荒岛，选择好适合居住的地理位置就开始做帐篷，打猎，畜养山羊。有一次，他把老鼠啃过的麦子随手撒在地上，麦子竟然结出了穗子，反复种收后，第四年，他吃到了自己种的粮食。

一天，鲁滨孙在荒岛上发现了野人的脚印，这让他惊恐万分。两年后，他又看到了野人宴会后留下的人骨，惊恐和愤怒伴随着他。几年后，鲁滨孙看到三十多个野人乘船上岸后就杀了一个俘虏，另一个挣扎逃命，于是他开枪把两个追杀的野人打死了，并救下了逃命的野人，还给野人取名"星期五"。"星期五"很快就成了鲁滨孙最忠实的伙伴和帮手。

一天清晨，鲁滨孙和"星期五"发现了一艘英国船停泊在小岛附近，显然，水手背叛并绑架了船长。足智多谋的鲁滨孙和"星期五"救出了船长，

船长愉快地答应将他们带回英国。

就这样，阔别二十八年后，鲁滨孙终于带着"星期五"回到了英国。

辅导老师：吴帅

技法点拨

进入中高年级以后，我们会发现很多文章的篇幅变得很长，如果要让我们把这个故事讲给别人听，不可能像读课文一样给别人读，也不可能把整篇课文都背下来，这就需要学会缩写，六年级下册有一单元的作文就是练习写故事梗概。所谓缩写，就是在中心思想和主要内容不变的情况下，按照一定要求，把篇幅较长的文章压缩提炼成较短文章的一种写作训练。缩写既是培养写作能力的一种训练形式，同时也是培养阅读能力、分析能力、概括能力的好方法。其实无论是文章缩写也好，故事梗概也好，我们大家并不陌生，平时我们看的长篇小说前面都会有个内容简介，那就是整本小说的缩写或者说故事梗概，因此，今天我就把这两种题材作为同一种，结合戚意帆的《鲁宾孙漂流记》缩写，来讲一讲如何写好故事梗概。

一、通读原文，读懂文章主要内容

有一个故事讲的是，一个人打了一口井，从此省去了三个专门挑水的劳动力，于是他逢人便讲这件事，结果，一传十，十传百，传到最后成了他打一口井从地下挖出了三个人。这件事经过修改加工，已经偏离了原貌。这也就是为什么有些人在传递信息的时候会传错了。这个故事也告诉我们在缩写故事的时候，一定要认真地阅读原文，正确把握故事的主要内容，切不可以自己的主观理解，甚至是错误的理解去缩写故事。

我们来看戚意帆这篇缩写，短短的四五百字就把一整本书的内容介绍了出来，这就说明他读懂了这本书的意思，能够准确地把握小说的要点。

二、要忠实于原文，不可偏离中心

缩写一篇文章或一本书，一定要做到忠实于原文，不能按照个人的喜好把原文的中心都改变了。打个比方来说，看《三国演义》这本书，很多人都喜欢诸葛亮，不喜欢曹操，但是我们不能凭自己的主观印象，为了褒奖诸葛亮，就把所有的好事都往诸葛亮身上安，所有的坏事都往曹操身上塞。忠实于原文的前提是得读懂原文，否则一切都是不可能。

缩写不是改写，切忌不能够节外生枝，创编一些故事情节，有些电视剧导演的拍摄连剧本的原作者都不知道怎么回事了，那就是没有忠实原文，按照自己的喜好创编了。当然了，导演是为了电视剧效果的需要，但我们的缩写不需要考虑这些，只需要忠实于原文即可。

三、按照原文的顺序，不可随心所欲

一般情况下，我们缩写的文章都是叙事类的，都是按照时间顺序，或者是事情发展的顺序来展开故事情节的，中间会穿插一些回忆，所以我们缩写故事时一定要按照原文的叙述顺序、叙述风格、叙述体裁去缩写，不能够人为地进行改编。打个比方，马克·吐温的语言风格是幽默夸张的，我们在缩写他的文章时，就要把这种语言风格保留下来。列夫·托尔斯泰的《穷人》一文人物的心理活动比较精彩，我们在缩写的时候，就要尽量把这种精彩的地方保留下来，这就符合作者的叙述风格。

顺序方面也是一样的，原本是按照时间顺序来写的，缩写的时候还要保留这种时间顺序的痕迹，不能改成倒叙。

原本是一本小说，缩写后变成了一篇散文或议论文，更是不允许的，这就是改变了原文的体裁。

我们来看戚意帆这篇缩写，其中"两年后、几年后、一天清晨、二十八年"这些表示时间顺序的词语都保留了下来，这样就没有改变原文的叙述顺序。从故事情节来看，小说还是小说，体裁也没有变化，这就算是成功的缩写。

四、详略得当，去粗取精

一篇长文章或者一本小说，篇幅非常长，但我们的习作无论是字数还是篇幅都是有限的，这就让我们不可能也像原作者那样长篇大论地叙述了，这也正是缩写的目的所在。这样一来就要求我们能够准确把握原文的内容，确定最主要的内容，把这些主要的内容、重要的情节保留下来，把无关紧要的一笔带过或直接删除，其步骤是：1.仔细阅读原文，理清文章结构，抓住内容要点，把握文章中心思想。具体地讲，对原文所记事件的起因、发展、结局了如指掌；对人物的性格、言行，在事件中的地位、作用心中有数；对原文的详略安排，段落层次顺序要十分清楚。2.根据文章所要表现的中心思想，确定哪些内容保留，哪些内容归并和删减。只有这样才能够把原文的主要内容保留下来。

我们来看戚意帆的这篇缩写，他就抓住了这本小说的主要情节："改变荒岛""种植小麦""救助星期五""解救船长""顺利回国"，其他的部分都没有交代，这样就符合缩写的要求。

五、语句连贯，行文自然

缩写完之后，我们一定要认真检查一遍，看一看语句是否通顺，内容是否前后连贯，因为删减之后有些地方直接连不起来了，这就需要重新考虑前后句段的衔接问题，怎样使语句变得连贯通顺呢？适当地添加一些语句。

我们来看看戚意帆这篇缩写，语句是不是就显得很连贯，很自然呢？如果你认真阅读就会发现，其实，他在很多地方添加了适当的语句。

缩写高度考验我们的概括能力，仔细想一想我们平时讲的缩写句子的方法就可以运用在这里，比如"提取句子主干法""的、地、得的用法"等。缩写不同于我们平时的写作，不需要考虑细节描写，只需要把主要情节概括出来即可。如果我们要引用原文的语段的话，势必会造成篇幅冗长，所以，缩写一般都是用自己的语言概括，但前提是意思不能改变。我们可以从戚意帆的这篇缩写中看出来，文章中没有引用原文的一句话，都是用自己的

语言概括。

　　好了，通过今天的讲解，我们对如何缩写有了大致的了解，如果我们熟练地掌握了这种方法，以后再给别人推荐好书，或者是讲解所看影视剧内容的时候就可以轻松运用了。

14. 故事新编如何写

 《龟兔赛跑》新编

河南省新蔡县河坞乡戚楼小学　戚柳

听说兔子和乌龟要举行跑步比赛了，这个消息一夜之间传遍了整个森林，动物们都非常期待这场比赛，而两位选手也在紧张准备着。

这天兔子来到乌龟家里参观，真是不看不知道，一看吓一跳呀！乌龟的家里摆满了各种健身器材，哑铃、呼啦圈随处可见，当然还有一台跑步机，怪不得乌龟的进步那么快。看乌龟在跑步机上挥洒汗水的样子兔子惊呆了，而乌龟丝毫没有注意到兔子的到来。兔子对乌龟说："乌龟兄，我们赛场上见！"说完就关门离开了。

兔子回到家也买了很多健身器材，为自己制定了训练计划，每天坚持跑步。日子就这样一天天过去，比赛如期而至，赛场上人山人海，大家都来看谁输谁赢。随着裁判一声令下，兔子和乌龟同时从起跑线出发，他们两个一会儿齐头并进，一会儿你追我赶，赛况十分激烈，观众都在为他们加油。

兔子没想到乌龟竟然跑得那么快，为了不输掉比赛，兔子跑到一片没有观众的地方后抄近道跑，而乌龟还在按照原来的路线跑，不一会儿就被兔子甩开了一大截。兔子很快到达目的地，大家都在为兔子欢呼，正当裁判准备把奖杯颁给兔子的时候老虎却打断了颁奖仪式，接着老虎播放了一

段录像，而这段录像正是兔子抄近道的场景！原来整个赛道都装了监控，选手的一举一动都逃不过老虎的双眼。

真相被曝光后观众席传来一片唏嘘声，兔子不仅没有拿到奖杯，反而被判终身禁赛，乌龟最终赢得了比赛。

辅导老师：吴帅

技法点拨

同学们看过《新龟兔赛跑》吗？现在网上有很多种版本的龟兔赛跑，无论是乌龟赢得比赛，还是兔子赢得比赛，都是在一定的背景下产生的，这种新的故事基本上都颠覆了我们先前的认知，像这种就叫故事新编。故事新编，顾名思义就是把老故事加工编排成现在的新故事。也就是把现在超前的思想和认识，以及观点倾向运用到传统的经典故事情节中去，进行新的改编，收到新的艺术和娱乐效果，创作出有教育感染价值的新作品。

今天我们就结合戚柳的这篇《〈龟兔赛跑〉新编》，来聊一聊故事新编如何创编。

一、原故事为基础

故事新编的定义就是让我们在原有故事的基础上进行创编，因此，我们一定要了解原文的内容，如果我们连原文都不知道，又如何进行新的创编呢？以原故事为基础就是要求不改变原故事的主要人物，主要事件。

就拿戚柳这篇文章来说吧，既然是《龟兔赛跑》新编，首先就需要我们了解龟兔赛跑的原故事，这个家喻户晓的故事我们都知道，主要讲述的就是乌龟和兔子比赛跑步，因为兔子骄傲自大，途中睡觉，而乌龟虽然很慢，

但是他知道日拱一卒、功不唐捐的道理，一步一个脚印，踏踏实实地向着终点冲去，最终创造了奇迹，赢得了兔子，实现了不可能。这个故事的新编版本有很多，要么是兔子依然中途睡觉，又输给了乌龟，要么是兔子吸取了教训认真对待比赛，终于赢得了比赛，要么是乌龟让伙伴们沿途各个地方分散，自己提前跑到终点赢得比赛，还有就是中间增添了水路项目，让乌龟发挥特长赢得了比赛……但是无论怎么改变，主人公没变，主要事件没有变，这就是新编一定要在原故事的基础上进行创编，切不可把原故事改得面目全非。戚柳的这一篇就遵循了这一原则，主人公还是兔子和乌龟，事件依然是跑步。

二、编故事有新意

既然是故事新编，就一定要有新意，只要主要人物和故事情节没变，其他的都可以根据自己的想象进行大胆创编，不要落入原故事的窠臼走不出来。像刚才说的一种情况，兔子又在中途睡觉，结果又输给了乌龟，这就没有达到新编的目的，或者根本就没有明白什么是新编，无非就是加了个词语"又"。我这里所说的新意就是一定要大胆想象，要思考一下自己想的故事别人可能想到了没有，如何才能另辟蹊径，想别人所不敢想、想不到的，别人如果也想到了就不要再写了，因为那样就是没有新意，别出心裁的才是与众不同的，才能够吸引读者的关注。

我们来看戚柳的这篇作文的部分片段："乌龟的家里摆满了各种健身器材，哑铃、呼啦圈随处可见，当然还有一台跑步机，怪不得乌龟的进步那么快。看乌龟在跑步机上挥洒汗水的样子兔子惊呆了，而乌龟丝毫没有注意到兔子的到来。"由于乌龟认识到自己的短处，就购买了很多健身器材，超越了自己，进步之快让兔子这个长跑健将都感到吃惊；"兔子没想到乌龟竟然跑得那么快，为了不输掉比赛，兔子跑到一片没有观众的地方后抄近道跑，而乌龟还在按照原来的路线跑，不一会儿就被兔子甩开了一大截"，赛场上乌龟超过了兔子，兔子为了赢得比赛，就耍小聪明抄近道，甩开了乌龟。这些都是原故事中没有的情节，这样的情节也很少有人想到，

这就是新。而故事的结尾更是新意十足，兔子抄近道赢得了比赛，结果被老虎指证作弊，丢掉了冠军，这就牵涉到主题问题了，第五点我会具体讲到，这些都是新颖的表现。

三、新情节合逻辑

在原有故事的基础上创编新的故事，并不是说可以天马行空，无拘无束，也要符合常人的逻辑思维，比如乌龟和蜗牛在人们的固定思维中就是慢的象征，而狐狸就是诡计多端、狡猾的代名词，兔子就是跑得快，这些常识是不能随意更改的。按照常理如果兔子和乌龟都认真对待比赛，不要什么小伎俩的情况下，乌龟再怎么努力也不可能跑得过兔子，所以在这一点上，戚柳的这篇文章就有点不符合逻辑了，只能说她的想象很有新意，但在实事求是方面就不行了。好在她接下来的情节创作中弥补了这一缺陷：老虎运用高科技监控证实了兔子的作弊行为。

四、加入生活元素

既然是创编新故事，而且鼓励大胆创新，我们就可以借助新时代的高科技，让原故事中的主人公穿越到我们的空间，运用我们如今的科技去改变命运。加入适当的生活元素，不仅可以拉近和读者之间的距离，还可以让故事增加趣味性，让人感到可亲可信。

我们来看戚柳的这篇《〈龟兔赛跑〉新编》是不是就加入了我们现实生活中的元素呢？"乌龟的家里摆满了各种健身器材，哑铃、呼啦圈随处可见，当然还有一台跑步机，怪不得乌龟的进步那么快。看乌龟在跑步机上挥洒汗水的样子兔子惊呆了""正当裁判准备把奖杯颁给兔子的时候老虎却打断了颁奖仪式，接着老虎播放了一段录像，而这段录像正是兔子抄近道的场景！原来整个赛道都装了监控，选手的一举一动都逃不过老虎的双眼"，"健身器材、哑铃、呼啦圈、跑步机、录像、监控"这些词语都是我们现在所生活的时代的元素，原故事中是不可能有的，但正是这些现实生活中元素的加入，才让我们觉得这个故事亲切、自然，仿佛就是我们身边发生的一样。

五、主题新正能量

无论我们写什么样的文章，一定要注意主题一定要含有正能量，千万不要出现一些负能量的东西，因为我们的读者主要是小学生，我们身上肩负的责任就是弘扬和传承中华文化，如果我们流露出的是不健康的充满负能量的东西，是得不到社会舆论的认可的，我们的作品也很难被发表。

像戚柳这篇文章她所要表达的主题就是诚信，尽管兔子耍小聪明，抄近道提前到达终点，但"法网恢恢疏而不漏"，终究难逃公正的裁判老虎的眼睛，调监控播放录像揭发了兔子的行为。这就告诉我们违反规则就不会有好的下场——不仅没有赢得比赛，反而落得个终身禁赛的结果。这样的结果就是突出了主题的新，又具有正能量。

今天，我们结合戚柳的这篇故事新编，了解了新编故事的写作方法。现在再来梳理一下，故事新编要在原文的基础上进行创编，主要人物和主要情节不能变；故事要有新意，不能人云亦云，重复别人的老调子；故事的情节要符合逻辑，不能无视现实基础；创编的故事可以融入现实生活的元素，让故事更亲切自然；创编故事一定要有正能量，不能想当然信口开河。

好了，掌握了这些方法，让我们试着来创编一下《乌鸦喝水》《狐假虎威》的故事吧！

15. 既要会叙述，又要会描写

 一见钟情爱上它

河南省新蔡县河坞乡戚楼小学　吴雨泽

今天我有幸到老师家参观，邂逅了两把吉他。

说来也巧，刚从高速下来，还有一段时间才上二胡课，数学老师邀请我们到他家中小坐一会儿，告诉我他新买了一把吉他，也是狠了心才买下来，价格很贵，三千多元呢。我倒要看看这把吉他为什么卖得那么贵。

这把吉他通体呈白色，看上去简洁大方。我弹奏它的时候总有一种金属的感觉。吉他的侧板上有一个黑色的显示屏，我本来以为只不过是一块小玻璃，作为装饰品的。我点了一下，没想到竟然是一个小型计算机，功能非常齐全，不仅可以调弦，还可以播放音乐、录音、连接网络等。看了这些功能，我不禁直呼："高科技！"

后来，我注意到这把吉他不仅高科技，音色还很好，不愧为三千多元的吉他。在我的强烈要求下，老师抱起吉他给我们来了一曲。刚开始老师还有点不好意思，渐渐地才放开了声音，老师唱的是《平凡之路》。那声音时而像黄莺鸣啭深谷，时而像清泉流经山谷，时而像万马奔腾浩荡汹涌。我深深地陶醉其中，可真是天籁之音呐！

一曲终了，我情不自禁地鼓起掌来。老师笑了笑，问我要不要试一下。我欣然同意，于是老师开始教我如何抱吉他。我刚学会抱吉他，就开启乱

弹模式。正当自我陶醉时，爸爸突然间打断我说："你这弹的是什么玩意儿啊，简直就是对艺术的玷污！"我才不讲什么艺术不艺术的，只要自己高兴不就行了吗！

最后我又学着老师的样子开始装模作样弹起来，幻想着自己抱着这把吉他尽情演奏的模样。

我想，我已经爱上这把吉他了，真想赶快学会吉他尽情地弹奏它。

辅导老师：吴帅

很多学生写作文都是平铺直叙，缺少灵动，叙事作文脉络不清、层次不当，写人、写景类文章缺少细节描写，要么是蜻蜓点水似的一笔带过，要么是景物的交叉叠加，叙述不清，描写又不具体，因此，我们在写作文的时候，一定要记住一个要领，既要会叙述，又要会描写，这样写出来的文章才会生动形象，给人留下深刻的印象。

下面我就结合吴雨泽小朋友的这篇《一见钟情爱上它》，来具体讲解一下如何做到既会叙述，又会描写。在解决这个问题之前，我们先来了解一下什么是叙述，什么是描写。叙述是对人物经历、事件的发展变化过程的表述和交代；描写是对人物、事件、景物作具体生动的摹写。举个简单的例子来说吧，"太阳升起来了"就是叙述，而"清晨，圆圆的太阳从地平线上缓缓地升起来了"就是描写。

一、如何叙述好一件事

还记得四年级上册第五单元习作单元的语文要素吗？"了解作者是怎样把事情写清楚的。写一件事，把事情写清楚"，这一单元的阅读要素就

是了解作者是怎样把事情写清楚的，习作要素就是写一件事，把事情写清楚，通过《爬天都峰》《麻雀》两篇课文，我们知道了叙述一件事就是要把这件事的起因、经过、结果交代出来就行了，或者说只要概括出什么人在什么时间什么地点，因为什么做了一件什么事，结果怎么样，就把这件事叙述清楚了。

那么，如果按照这种要求，我们来看看吴雨泽小朋友的这篇作文有没有叙述清楚这件事呢？时间是"今天"，地点是在数学老师家里，起因是离上二胡课的时间还早，数学老师邀请"我"和爸爸去他家里小坐一会，经过是数学老师让"我"见识了两把吉他，尤其是一把三千多的白色吉他，结果是小作者情不自禁地爱上了这把吉他。概括起来就是"今天下了高速离上二胡课的时间还早，数学老师邀请我和爸爸去他家里小坐一会，数学老师让我见识一下他买的新吉他，最后我也爱上了这把白色的吉他"，六要素都有了，叙述已经很清楚了，但这样的作文能给读者留下深刻的印象吗？显然是不能的！这就需要细致的描写。

二、如何对事物进行描写

从描写对象上看，有肖像、心理、语言、行动等人物描写，还有社会、自然等环境描写和细节描写。这次我们就结合吴雨泽这篇作文来谈一下叙事中的描写。

1. 多问几个为什么

"数学老师邀请我们到他家中小坐一会儿，告诉我他新买了一把吉他，也是狠了心才买下来，价格很贵，三千多元呢"，小作者为什么要交代这一句呢？联系上下文我们可以看出，作者这样交代是为了突出这把吉他的昂贵，为下文的功能齐全，作者直呼"高科技"埋下伏笔。

沿着"多问几个为什么"这条思路，我们来思考一下，"我们为什么要到数学老师家小坐一会呢"？因为这是这件事情发生的原因，如果不交代的话，事情的起因就不明白了。"为什么爸爸打断我的演奏说我是糟蹋艺术呢"，因为这是通过数学老师和我的对比，突出数学老师的技艺娴熟，

弹奏的乐曲美妙，我才会被深深地吸引，最终对吉他一见钟情爱上它的。

2. 多问几个怎么样

还拿刚开始的那个例子来说吧，太阳升起来了，太阳是怎么样升起来的呢？缓缓地从地平线上升起来的。这样不仅把太阳升起的动态变化写清楚了，还交代了地点的变化，简短的一句话就能够给人深刻的印象，这就是描写的作用。现在再来看吴雨泽这一篇作文，"一曲终了，我情不自禁地鼓起掌来"，听完老师的弹奏，我有怎样的表现呢？情不自禁地鼓起掌来。这说明什么？说明了数学老师的技法娴熟，深深地感染了我，所以我才会爱上吉他，以至于最后"我又学着老师的样子开始装模作样弹起来，幻想着自己抱着这把吉他尽情演奏的模样"。

3. 多问几个什么样

怎么样是对事物状态的描摹，什么样就是对事物样子、外形的描摹了，让我一见钟情爱上的吉他是什么样子的呢？"这把吉他通体呈白色，看上去简洁大方。我弹奏它的时候总有一种金属的感觉。吉他的侧板上有一个黑色的显示屏"，这就是这把吉他的外形，到现在我们已经有了大致的把握，既然是一见钟情爱上的肯定不仅仅是它的外形，更主要的一定是它的功能、音色等，于是有了小作者对吉他功能和音色的介绍，尤其是对老师弹奏的乐曲的描写，"那声音时而像黄莺鸣啭深谷，时而像清泉流经山谷，时而像万马奔腾浩荡汹涌"，一组排比句把音色的优美动听描摹得惟妙惟肖，让我们也仿佛身临其境。

当然了，描写事物的方法还有很多，比如运用恰当的修辞手法，合理的想象和联想等等，今天我们就结合《一见钟情爱上它》来简单介绍叙事类文章的描写。不过千万要记住，多问几个"怎么样""为什么""什么样"，可不是让大家像填表格一样在文中一直出现这些词语哦，而是在写作的过程中巧妙地、悄无声息通过文字描述出来。

16. 如何写导游词

 颐和园导游词

河南省新蔡县河坞乡戚楼小学　王家成

我是启明星旅行社的导游员，我姓王，大家可以叫我小王，也可以叫我王导。今天，就由我来带领大家游览清代皇家园林——颐和园。

请大家跟着我走。这就是大殿，我们绕过大殿就可以来到长廊。长廊又叫画廊，一共有237间，长达728米。每间的槛上都有一幅画，每幅画都有一个美丽的故事，大家可以仔细看一下，这么多幅画没有哪两幅是相同的。

我们现在离开了长廊，来到了万寿山脚下，请大家往上看，在半山腰上的八角三层建筑就是佛香阁。那一排排金碧辉煌的建筑就是排云殿。

现在我们已经站在万寿山的山顶了。大家看下面的景色的一大半已经呈现在眼前，有葱郁的树丛，有朱红的宫墙和黄的绿的琉璃瓦屋顶，还有画舫游船缓缓游过。

下山以后，如果有需要乘坐游船的游客可以到昆明湖里荡舟。不坐船的游客请跟随我到十七孔桥上欣赏昆明湖的美。最后，我们到湖中心的小岛集合。坐船的游客请不要往湖里扔垃圾，以免污染了昆明湖的美丽景致。

现在，我们脚下踩着的就是十七孔桥，十七孔桥有几百根柱子，每根柱子上都有一只狮子，个个惟妙惟肖，姿态不一。

下了桥，我们来到的是与十七孔桥相连的小岛。现在请两路游客会合，我带领大家游览颐和园的最后一个景点。这座小岛上有葱郁的树丛，还有华丽的宫殿。在这里，大家可以自由活动半个小时。半个小时后，由我带领大家回酒店休息。

好了，今天的游览活动到此结束，希望我的陪伴能够给你们带来美好的回忆。谢谢大家！

辅导老师：吴帅

同学们，当我们去景区或展览馆游览参观时，可曾遇到过专门向游客讲解的人员呢？他们有个称呼就是导游，他们的解说词就叫导游词。导游词是导游引导游客观光游览时的讲解词，是导游同游客交流思想，向游客传播文化知识的工具，也是应用写作研究的文体之一。

今天我们就来结合王家成的这篇《颐和园导游词》，来聊一聊导游词怎么写。

一、熟悉所要介绍的景点

作为一名合格的小导游，要想让大家对你的服务满意，首先就需要对介绍的景物有所了解，不能游客问什么你都不知道，那要导游就没有意义了。

尽管我们刚开始接触导游词时，都是以学过的课文为抓手训练，但是实际中可不能局限于课本那一点知识。怎样才能熟悉我们所要介绍的景点呢？最方便快捷的方法就是查阅相关书籍资料，也可以上网搜索，观看相关视频介绍，最好自己实地游览一遍做到心中有数，如何给游客规划合理的线路等等，都是一个导游必须要具备的能力。要知道，游客之所以需要

导游就是因为不熟悉这个景点，我们面对的就是一无所知的游客，要想一想怎么介绍才能让他们满意，介绍清楚了，让他们从你那里得到收获了，自然也就满意了。

我们来看王家成的这篇导游词，因为是在课堂上完成的，他本人也没有实地去颐和园游览过，所以他的介绍仅仅局限于《颐和园》这篇课文，从内容上看是没有问题的，但如果从实际情况来说肯定是有问题的，因为这一篇课文人人都学过，对于课文中介绍的景点大家也都很熟悉，我们要做的就是超越课文，让游客通过你的介绍满载而归。

二、介绍要清楚明白

熟悉了一个景点的景观之后并不等于就能够介绍清楚，这也是需要技巧的，就拿颐和园来说吧，作为目前最大的一座皇家园林，里面的景点肯定是有很多很多的，我去过颐和园好几次，光游览课文中介绍的几处景点就需要将近一天的时间，何况还有那么多课本中没有介绍的呢。那么怎样才能介绍清楚呢？首先就要做到游览顺序合理，便于游客通行，一定不能让游客走重复的路线，因为对于游客来说，时间是很宝贵的，他们的目的就是用有限的时间尽可能游赏更多的景点，才能够不虚此行。这也正是第一点提到的要熟悉景点，只有自己实地勘探过路线，才能规划出合理的路线图。现在比较好的就是一般景区都会有游览路线图供游客参考。

介绍清楚明白除了线路清晰之外，最主要的还是要把景点的特点介绍出来，让游客心中有数，这也需要我们做小导游的要熟悉景点哦，否则，连你自己都不清楚又怎能给别人介绍清楚呢？

我们来看王家成的这篇导游词，从游览线路中，我们可以看出他是按照"大殿—长廊—万寿山脚下—万寿山—昆明湖—十七孔桥—小岛"这样的顺序介绍的，在介绍景物时主要介绍了长廊的长、画多，佛香阁的金碧辉煌，十七孔桥的狮子等。

三、介绍要详略得当

写景物要注意详略得当，给别人介绍景物当然也需要详略得当了，重要的景点需要我们去深挖背后的文化，重点介绍，不太著名的景点简略一些，或者干脆不介绍。这样才能做到详略得当，让游客留下深刻印象。

我们来看王家成这篇导游词，刚才说了他是在课堂上完成的，没有机会搜索资料，完全是依托课文，而课文中介绍的这些景点是作者认为的主要景点，都已经经过了作者的筛选，所以王家成也老老实实地把每一处都进行了介绍，现实生活中我们肯定得考虑游客的反应，游客对什么景点感兴趣，你就重点介绍哪些景点。

四、结合人文历史

刚才我已经说过了，熟悉所要介绍的景点，并不是仅仅了解它的外在特点，还要深挖它的相关历史，人文传说，就拿颐和园来说吧，它是什么时间修建的，又是如何修建的，每一处景观的相关传说等等都是游客感兴趣的。人是喜欢听故事的，有时我们结合景观的背后传说向游客介绍，游客会更喜欢。现在网络发达，要想了解相关景点的人文历史是非常容易的，搜索一下想要的资料应有尽有。

我经常和学生说要做一个有品位的游客，意思就是说在游览景点的时候，一定要关注景区里面的相关介绍，一般情况下凡是有传说、典故的景点，旁边都会有相关的简介，应该说这是最官方的，我们一定要了解。

比如说我们都知道颐和园的佛香阁、排云殿非常有名，可相关的传说并不一定知道。如果我们在向游客介绍的时候，加上一些人文历史，是不是更能引起游客的兴趣呢？

五、拉近彼此距离

一个成功的导游，会让游客觉得他们之间的关系很亲密，这就是人际交往的问题了，比如对游客表示关心，语言中处处体现出对游客的负责，这些都能够拉近导游和游客之间的距离。开场白的介绍往往很关键，这是给游客的第一印象，因此不妨幽默风趣一点。不仅是开场白，在向游客介

绍的时候，也应该每时每刻都想到幽默风趣，毕竟人人都喜欢幽默风趣的人，不会喜欢古板、严肃的人。

我们看王家成的开场白，"我是启明星旅行社的导游员，我姓王，大家可以叫我小王，也可以叫我王导。今天，就由我来带领大家游览清代皇家园林——颐和园"，这样的开场简洁明了，但又不失幽默风趣，拉近了彼此的距离。"好了，今天的游览活动到此结束，希望我的陪伴能够给你们带来美好的回忆。谢谢大家！"结尾依然显得彬彬有礼、体贴入微，很能给游客留下好印象。

六、语言要符合导游的口气

导游词是以导游的身份向游客介绍相关景点的解说词，它不同于平时读书，一定不能读书味十足，要能够体现出浓浓的人情味。包括一些用语都是有所讲究的，比如说颐和园吧，课文中说的是"登上万寿山，站在佛香阁下"，我们做解说的时候就不能一成不变地读下来，要通过适当的改动，给人一种现场感。

我们来看王家成的语言，"现在我们已经站在万寿山的山顶了""下山以后，如果有需要乘坐游船的游客可以到昆明湖里荡舟。不坐船的游客请跟随我到十七孔桥上欣赏昆明湖的美。最后，我们到湖中心的小岛集合。坐船的游客请不要往湖里扔垃圾，以免污染了昆明湖的美丽景致"，这样的解说是不是就有代入感了呢？

好了，今天我们结合王家成的《颐和园导游词》，大致了解了导游词的写法，希望同学们课下能够运用今天所学的方法，选择一处熟悉的景点，为大家介绍一下吧，要记住你的身份可是小导游哦！

17. 如何写好读后感

 学生例文

 学会享受生活
——《欧也妮·葛朗台》读后

河南省新蔡县河坞乡戚楼小学　吴迪

金钱，在许多人心中是万能的。它可以买来房子、买来车子、买来衣服、买来书本……似乎什么都可以买。人们为了赚钱东奔西走，但有些人为了金钱无所不用其极，不惜成为金钱的奴隶，做守财奴，做一毛不拔的铁公鸡……金钱真的有那么重要吗？大作家巴尔扎克的《欧也妮·葛朗台》给出了答案。

《欧也妮·葛朗台》中的葛朗台是个名副其实的守财奴。他把无数的财富都锁进密室的柜子里。他尽管坐拥财富无数，但依然吝啬无比，就连对自己都一毛不拔。家里的楼梯被蛀虫咬了舍不得花钱修，偌大的房间里只点一根蜡烛，甚至一日三餐都用秤称好定量……如此种种，生怕多花了一点钱。因此葛朗台虽然有钱，但他却活得很累，因为他每时每刻都在算计着如何才能用最少的钱从别人手中得到最大的利益，算计着如何花最少的钱解决一家人的吃穿用度。在他的心目中只有钱没有亲情，他是一个只会存钱的机器。

他的亲弟弟去世了，他没有流一滴眼泪，只关心自己是否可以继承弟弟的财产，见到女儿为叔叔流泪，他不仅不感到羞愧，反而说："死了人，不过就是从死人的手中继承财产罢了，何必伤心流泪呢？"

　　葛朗台为金钱和利益算计了一生，甚至连自己的女儿都算计上了。他在算计着女儿嫁给谁他才能获得最大的利益。在19世纪的法国，爱情于金钱而言不值一提。夏尔和欧也妮，他们最初有一段非常美好的爱情。可是夏尔为了得到地位和金钱抛弃了欧也妮，娶了一位伯爵的独生女。最终欧也妮在经历了父母离世和爱情破灭的双重打击之后也看淡了一切，用继承的财产修建了教堂和学校。

　　葛朗台的故事发人深省，金钱真的有那么重要吗？虽然钱可以买到很多东西，但是一个人一心扎进钱眼里的时候也会失去很多东西，毕竟在人生的天平上一切都是等价的。葛朗台为金钱算计了一辈子，到头来不还是空活一场吗？与其一辈子做金钱的奴隶，不如静下心来好好享受享受生活。

　　　　　　　　　　　　　　　　　　　　　　　　辅导老师：吴帅

技法点拨

　　读后感和观后感类似，区别就在于读后感是读一本书或者一篇文章后的感受，观后感是观看影视作品之后的感受，写法基本一样，因此，今天我就结合吴迪的这篇《〈欧也妮·葛朗台〉读后感》主要讲讲读后感的写法，不再对观后感进行单独的讲解。

一、读是基础，感是重点

　　读后感，读后感，顾名思义就是读后的感受，读是基础，感是结果，只有读得通透，读得到位，感受才会深刻。因此，要想写好读后感，一定要把原文认认真真读一读，弄懂原文的主要内容，作者想要表达的是什么意思。很多同学在写读后感的时候，通篇都是引用原文，很少谈自己的感受，那样肯定是不行的，与其说那是读后感，还不如说是摘抄片段呢。但这并不是说，写读后感就一句原文也不能介绍，必要情节的叙述还是要写的，

你为何有感而发，必须要交代清楚，这样才有理有据，也就是"读"和"感"要有机结合。

也有些学生文章都没有读懂，就去写感受，那样写出来的感受，要么是无关痛痒的蜻蜓点水似的，说了也等于没说，要么就是错误的想法。这就像我们在做阅读理解题一样，没有理解作者的言外之意，你的解答自然就是风马牛不相及了。

读后感的"读"其实也是有技巧的，不一定非得照抄原文，可以把相关情节用自己的话概括一下，那样会更好一些，必要的时候再去引用原文，即使是引用原文也没必要一大段一大段地抄写下来，只需要选择至关重要的引用即可，也可以中间用省略号代替。

我们来看吴迪这篇读后感做得就比较好，原文引用的就一句葛朗台的话"死了人，不过就是从死人的手中继承财产罢了，何必伤心流泪呢？"其他的基本上都是用自己的语言概括的，这就体现了读的基础性。

二、选准"感"点，有话可说

读一篇文章或一本书，尤其是长篇小说，感受一定是非常多的，我们没有时间也没有必要去一一介绍，或像书评专家写专业的书评一样面面俱到，作为小学生的我们，只需要选择自己感受最深的地方写就行了。只有感受最深的我们才有话可说，有内容可写。为了便于写作，我们读完一本书或一篇文章之后，可以把自己的感点一一列举出来，再去对这众多的感点进行筛选比对，选择自己感受最深、角度最新、最有针对性的一个感点，作为自己读后感的中心去写。

我们看吴迪的这篇读后感，她的感点就是一个——葛朗台的吝啬，围绕着这个感点，从对自己、对亲人、对女儿，顺便把相关人物的相似点也介绍了一下，这样抓住主线，一以贯之，就显得中心突出、思路很清晰了。

三、联系生活，引议得当

平时做阅读理解题的时候，我经常对学生讲一定要跳出文本，走向生活，千万不要把自己的思路就局限在文本这一个小圈子里，意思就是说理

解文本内容要结合自己的生活实际，任何一个作者写一篇文章都是有现实意义的，而不仅仅局限在这个故事中，作者想通过这个故事把他的意思传达给读者，如果我们囿于文本的故事走不出来，就没有真正理解作者的意图。举个简单的例子，苏轼的《题西林壁》这首诗大家一定都不陌生，他通过从不同的角度观察到的庐山的样子也不同这样一种自然现象，是要告诉我们对待同一个问题，同一种现象，站在不同的角度思考，结果也不一样，也就是所谓的当局者迷旁观者清。如果我们在回答"从这首诗中你明白了什么"这样一个问题时，一直都在说从不同的方位观察庐山看到的样子都不一样，就是没有真正理解苏轼的写作目的，这就是典型的困在文本中走不出来了。

联系生活写读后感，就是从这一现象中你联想到了现实生活中的哪一类人，哪一类事，进而谈你的感想，这样的"感"才是有深度的。但这种联想是要有关联的，并不是风马牛不相及的两种现象硬要扯到一起。比如我喜欢写教育随笔，看到生活中的一些现象，总是会联想到和教育学生有关的话题。我没事开了一个小菜园，在给菜地除草时我发现刚开始菜苗还没有长出来的时候，需要不断地除草，一旦菜苗长到一定程度，就不用再管它了，即使有一些杂草也难以长成气候，我就想到了教育问题，学生出现问题时需要老师反复地提醒纠正，如果学生在老师的引导下慢慢改正了缺点，养成习惯之后也就不需要老师再去反复强调了。根据这一现象我写了一篇《教育如锄草》发表在《教育时报》上。

我们来看吴迪的这篇读后感，"葛朗台的故事发人深省，金钱真的有那么重要吗？虽然钱可以买到很多东西，但是一个人一心扎进钱眼里的时候也会失去很多东西，毕竟在人生的天平上一切都是等价的。葛朗台为金钱算计了一辈子，到头来不还是空活一场吗？与其一辈子做金钱的奴隶，不如静下心来好好享受享受生活"，这一个片段就是结合生活实际谈了自己的看法和感受，表达了自己的情感。不过我们也看出来了，吴迪这篇读后感只在结尾处联系生活谈了自己的感受，其他地方一直都是在边叙述边议论，这种写法对于初学者不太好把握，建议大家在写读后感的时候还是

按照最基础的写法，所"读"要联系生活谈感受。

四、注重格式，写法恰当

读后感作为一种文体，在小学阶段用得比较少，平时也很少去专门写读后感，所以很多学生对读后感的格式并不是特别熟悉。今天我就给大家讲一下读后感的常用格式，因为吴迪的这篇读后感不是起步阶段的写法，在这里我就不再谈及她的写法。

1. 明确感点，拟定题目

读完一篇文章或者一本书之后，首先就是明确自己的感点是什么，根据感点拟定题目，比如读《夏洛的网》，你的感点是友情的可贵，你就可以把题目拟定为"友情价更高——读《夏洛的网》有感"，这种形式就是双标题，"友情价更高"是主标题，"读《夏洛的网》有感"是副标题，吴迪这篇读后感就采用了这种标题。不过刚开始写读后感的时候可以直接写"《×××》读后感""读《×××》有感"这样简单的标题。

2. 开头介绍，简明扼要

刚开始写读后感，不要想着标新立异，老老实实按照正规的格式写就可以，开头先介绍一下在什么情况下读了什么，你是怎么读的，读完之后有什么感受。

3. 内容概括，介绍作者及作品

接下来就可以对这篇文章或这本书的主要内容做一下简单介绍了，这个部分也可以简单介绍一下作者。很多学生在这一部分中往往会犯啰唆的毛病，长篇大论地介绍主要内容，结果感受部分特别简单，这样就是主次不分了。这里的简介不是写内容梗概，而是把最重要的内容介绍出来，这些内容必须和你的主题有关。

4. 联系实际，详谈感受

内容概括完了，接下来就是最主要的内容了，根据选好的感点，结合自己的生活实际谈感想和收获。

5. 结尾点题，再次升华

该写的内容都写完了，最后不要忘记再点一下题目，升华一下主题，这样就做到了首尾呼应，使文章的结构更为严谨。

当然了，这些格式只是作为起步阶段的一种参考，当我们的阅读量与写作水平达到一定高度之后，完全不必按这种模式去写，可以借鉴名家的方法，灵活地把控。像吴迪的这篇读后感就没有按照这种格式，而是文章一开始就把自己的感受摆了出来，接着边叙边议进一步阐明自己的感受，最后照应开头升华主题。

读后感虽然平时接触得不多，但也是我们必备的一项写作基本功，尤其是对于一些喜欢看书的孩子来说，学习写读后感，可以有助于记录读书心得，分析文章的内容。建议大家平时也要多多练习一下。

18. 如何写建议书

 关于珍惜资源，保护地球的建议书

河南省新蔡县河坞乡戚楼小学　吴迪

亲爱的同学们：

大家好！

这两天我在学校里发现了一些破坏环境、浪费资源的现象，例如：水龙头上的水在哗哗地流着，可是却不见用水人；每次上操或举行升旗仪式时，有些班级不关电灯；有的同学刚买的笔记本才用了几页就扔掉了……这些都是我们美丽校园里存在的一些破坏环境、浪费资源的现象。

我们只有一个地球，如果我们再这样破坏环境、浪费资源的话，就会使地球上的资源慢慢枯竭，那么我们赖以生存的地球就会因此受到破坏而毁灭，到时候，人类将会别无去处，只能等待死亡的降临。

让我们从现在开始，从我做起，从身边的小事做起，减少破坏环境、浪费资源的现象。

因此，我特提出以下建议，请大家采纳：

1. 节约用水。随时关掉水龙头；洗米水可以浇花。

2. 节约用电。随时关掉电灯；上操或举行升旗仪式时，各班都要关掉电灯。

地球是我们的家园，是人类生命的摇篮。让我们一起行动起来，珍惜自然资源、保护环境，共创美好家园吧！

五年级一班：吴迪

2019 年 5 月 12 日

辅导老师：吴帅

同学们，当我们在现实生活中发现一些问题，想要向有关部门或人员提出建议，或倡议别人做一件事的时候，应该怎么做呢？是的，可以写一封建议书或倡议书，建议书和倡议书的写法和内容基本相似，所以今天我们就以建议书的形式结合吴迪的这篇建议书，来聊一聊建议书的写法。

建议书是个人、单位或集体向有关单位或上级机关和领导，就某项工作提出某种建议时使用的一种常用书信。我国古代就有许多提建议之类的文章，如李斯先生的《谏逐客书》、贾谊先生的《论积贮疏》等等。因此，建议书虽然在小学阶段并不常用，但它作为一种日常应用文体，我们还是有必要掌握的。

一、注意建议书的格式

建议书作为一种应用文是有一定的格式要求的，一般情况下，建议书的格式和一般书信相同，由标题、称谓、正文、署名、日期五部分构成。前面我们已经讲过了书信的格式要求，因此今天就不再重复建议书的格式。但建议书和书信格式的不同之处是在正文之后一般不写"此致敬礼"一类的敬词。一定要注意格式不能错，尤其是署名和日期的顺序不能颠倒，这也是很多学生最容易犯的错误。

我们可以看看吴迪的这篇建议书，虽然篇幅短小，但是内容和格式都非常完备，是一篇合格的建议书。

二、明确建议对象

无论是提建议，还是发出倡议，我们一定要明确对象，只有知道是给谁写的，在用语方面才会更贴切、更符合身份。比如说我们是向上级提建议，用语一定要谨慎，不能太随意，只有让对方看出我们的诚意，我们的建议才可能被接纳。要不然怎么会有良言一句三冬暖，恶语伤人六月寒呢。其实给任何人提建议都要注意措辞，不要让建议败在文字上，否则，我们的建议再正确，别人不愿意接受也等于没说。

就拿吴迪这篇建议书来说吧，她是向全体同学提的建议，尽管说话不用像和上级、长辈那样谨小慎微，但也是需要把握分寸的，毕竟好听的话人人都爱听。所以有必要在建议书中对对方能够抽空看你的建议书表示感谢。如果是向个人提建议的话，还要注意提建议前先夸一夸对方，让对方高兴之余更容易接受你的建议。

三、明确建议的目的

一篇合格的建议书，除了要了解建议对象，还要明确建议的目的，不能让别人看完了还不明白你想要表达什么意思，这就要闹出笑话了。建议的目的也就是你为什么要提这些建议，你希望别人怎么做。

我们来看吴迪的这篇建议书，"我们只有一个地球，如果我们再这样破坏环境、浪费资源的话，就会使地球上的资源慢慢变得枯竭，那么我们赖以生存的地球就会因此受到破坏而毁灭，到时候，人类将会别无去处，只能等待死亡的降临"，因为她看到了一些同学破坏环境的现象，考虑到这种做法的危害性，这些都是提出建议的目的。接着她提出自己认为可行的两条建议："1.节约用水。随时关掉水龙头；洗米水可以浇花。2.节约用电。随时关掉电灯；上操或举行升旗仪式时，各班都要关掉电灯。"这两条建议才是建议书的核心所在。

四、建议要有说服力

很多时候，我们向别人反映一件事，或者向别人提出一些建议，别人并不采纳，很大原因就是我们的建议没有说服力，不能让对方感到心服口服，所以我们在写建议书的时候，一定要注意说服力。怎样才能够让自己的语言更有说服力呢？一是要把你所看到的不好的现象列举出来，详细分析这样持续下去的不良后果，要让对方感到必须得赶紧纠正；二是提建议的时候要通过讲道理，向对方详细分析你的建议的可行性，打动对方。讲道理的方法有很多，比如引用名人名言、举事例等等。

我们看吴迪的建议书，"我们只有一个地球，如果我们再这样破坏环境、浪费资源的话，就会使地球上的资源慢慢枯竭，那么我们赖以生存的地球就会因此受到破坏而毁灭，到时候，人类将会别无去处，只能等待死亡的降临"这一段话具体分析了浪费资源的危害性，让人们认识到后果的严重性，这样就有说服力。但很明显，她这篇建议书在提出具体建议时，内容太过简洁，没有说出可行性，也没有通过事例来证明自己的看法，说服力相对来说就弱一些。

另外，为了让我们的建议书更有感染力，正文结尾时可以再一次发出呼吁，让读者产生情感共鸣，这样更能吸引读者。建议不能太多，太多的话会让对方觉得很麻烦，而不愿意接受。

好了，因为建议书的写法相对来说比较简单，就是把自己的真实想法说出来就行了，我们聊的相对来说也比较简单。希望大家能够学以致用，课下可以以建议书的形式向同学，向家长，或向老师针对某一个问题提一提我们的建议，看一看对方能否接受。

19. 如何写好演讲稿

 学生例文

 竞选副班长的演讲稿

河南省新蔡县河坞乡戚楼小学　谢浩

尊敬的老师，亲爱的同学们：

大家好！

今天，我鼓起了大大的勇气，也带着一个大大的决心走到这里。现在，我要郑重地告诉大家，我想竞选班内的副班长一职！因为我相信自己是有这样的能力的，所以希望老师以及班内的每一位同学都能看到我的表现，根据我的表现评分决定是否愿意给我这一次机会，感谢大家！

还记得第一次做班里的学习委员的时候，我就立下誓言，一定要慢慢变好，一定要往一个更高的方向去发展。或许很多同学觉得我的想法太多了，是不是有一些什么别的心思。其实我想告诉大家的是，我认为，为自己争取这些职位并不是一件坏事，大家一定要正确看待这些事情，在我们的生活中，每一个有上进心的人都是值得学习的，至少我是这么认为的。所以我希望大家可以正确看待我的这份上进，我想竞选的岗位，不只是会给我带来荣耀，还会给我搭建起一个更好的平台，会鼓励着我去努力发展自己。我想进步，我想突破之前的那个自己，这才是我的初心。

如果我真的做了副班长，我会比之前更努力，因为我知道在一个什么样的位置上就要承担什么样的压力。现在的我还是一名小学生，管理自己

的能力都不是很足，就更不要说去管理好班级、做好老师的小帮手了。所以我知道自己还需要去进步、去提升，我不会浪费时间，我会把这些时间全部放在有必要的事情上，不会辜负大家对我的信任，也不会让老师对我感到失望，还请同学们一定要多多支持我，给我这个表现自己的机会，可以吗？

没有人是完美的，但是我会向完美的那个方向不断地前行，我也会向完美的那个自己不断靠拢。我想做好这份工作，也想在这份工作上提升自己的学习成绩，我认为这二者是不冲突的，所以我会努力配合班长的工作，也会做好老师的小帮手，把我们的班级建设得更好，让我们拥有一个更加广阔的天地！

同学们，请你们相信我一次吧！我一定能做好这份工作，也一定会把学习赶上去，实现双赢。希望老师和同学们多多支持，我一定会感谢每一份肯定和支持。当然了，如果我不能够入选，说明我还不够优秀，我会再接再厉，争取让自己变得更加优秀来得到大家的支持。谢谢大家！

生活中，当我们想要竞选班级某一职务时需要发表竞选演说，获奖时需要发表获奖感言，学校举行主题演讲……这些场合都需要我们演讲。演讲又叫讲演或演说，是指在公众场合，以有声语言为主要手段，以体态语言为辅助手段，针对某个具体问题，鲜明、完整地发表自己的见解和主张，阐明事理或抒发情感，进行宣传鼓动的一种语言交际活动。

演讲又分为即兴演讲和脱稿演讲，所谓即兴演讲就是临时性的演说，准备时间很短，脱稿演讲是提前写好演讲稿，演讲时不看稿子，脱稿演讲有充足的准备时间。今天我们就结合谢浩的这篇竞选班干部的演讲，来聊一聊演讲稿的写作技巧。

一、演讲稿有一定的格式

演讲稿作为一种应用文体裁，是有一定的格式的，但并没有倡议书、书信那么明显，一般开头要点出听众身份，比如×××，大家好！结尾要对大家的倾听表示感谢。

我们来看谢浩的这篇演讲稿，是不是符合这种格式呢？

二、演讲稿要注意演讲对象

演讲稿要注意演讲的对象，也就是你是对谁演讲的，只有清楚了演讲对象，才会有目的地遣词造句，不至于失去礼节。清楚了演讲对象，我们才能够针对对象的认知去选择材料，抓住对象的年龄特点、生活经验去组织自己的语言。比如说你的演讲对象是小学生，你给他讲太多的大道理，他不一定能够明白，但他们喜欢听故事，通过故事的形式让他们有所收获，就是高明的演讲。

谢浩的这篇是班干部竞选的演讲，他的演讲对象是老师和同学们，他的演讲内容就要考虑到同学和老师关心的问题，想办法打消老师和同学们的顾虑，大家才会投他的票。这就是俗话说的到什么山上唱什么山歌，只有符合听众的身份，听众才会感兴趣。

三、演讲稿要符合演讲者的身份

一篇合格的演讲稿，不但要明白演讲的对象，还要符合演讲者的身份，用词、语气要与演讲者的身份相符，不能够小孩子说出的话老气横秋，文化程度不高的人说出的话文绉绉的。

我们看谢浩这篇演讲稿，用语就和自己的学生身份很相符，始终以一个学生的身份去阐述自己竞选副班长的原因。

四、演讲稿的内容要条理清晰

演讲和我们平时说话是一样的道理，条理一定要清晰，不能够语无伦次，南一榔头北一杠子的，让人云里雾里。一般情况下开头要摆出自己的观点，接下来要一步步围绕主题层层推开，达到高潮，所谓高潮就是演讲中最精

彩、最激动人心的地方。在主体部分的行文上，要在理论上一步步说服听众，在内容上一步步吸引听众，在感情上一步步感染听众。要精心安排结构层次，层层深入、环环相扣，水到渠成地推向高潮。

谢浩的这篇竞选稿条理就非常清晰，开头提出了自己竞选的职务，接着介绍了自己的优势，如果竞选成功了会怎样，失败了会怎样，最后再一次表决心，希望大家给他机会。作为一篇竞选稿，这样就达到了层层推进的目的，让人一目了然。

五、演讲稿要以口语为主

演讲稿就是口头表达出来的，如果文绉绉的话会给人一种距离感，让人觉得是在读书而不是演讲。这就告诉我们演讲稿的用语要以口语为主，这样说出来才会自然，符合人们的表达习惯，给人以亲切之感，进而拉近和听众的距离。这一点很容易理解，就不做过多的解释。

六、演讲稿要有说服力

演讲稿必须要有较强的说服力，这样才能够吸引听众，让听众愿意接受你的观点，支持你的做法。就拿谢浩这篇竞选稿来说吧，如果他连自己能够胜任副班长的优势、自己将会给班级带来什么改变都说不出来，肯定就不会有人愿意支持他当副班长了。

其他类的演讲要想有说服力就需要用事实说话，事实胜于雄辩嘛，你光说自己怎么怎么优秀，但不能够证明也是没人愿意相信的。引用名人名言也是讲道理的一大法宝，因为名人名言都是名人说出的话，都是经过历史的验证的，当然就有一定的说服力了。毛泽东的《为人民服务》就是在张思德的追悼会上做的即兴演讲，他为了说明人死的意义有所不同，就引用了司马迁的一句话"人固有一死，或重于泰山，或轻于鸿毛"，谢浩的这一句其实也是间接地引用名言：没有人是完美的，但是我会向完美的那个方向不断地前行，我也会向完美的那个自己不断靠拢。

七、演讲稿要有一定的气势

最后，演讲稿的语言还要有一定的气势，达到先声夺人的气场，一般

情况下优秀的演讲稿都会使用大量的排比、比喻、拟人、反复等修辞手法，就是为了给人一种大气磅礴的感觉。有气势的演讲稿才能够具有煽情的效果，更能鼓动人心。

谢浩的这篇演讲稿在气势上还稍欠火候，如果再激情澎湃一点，收到的效果一定会更好。

另外，演讲稿的结尾，是主体内容发展的必然结果。结尾或归纳、或升华、或希望、或号召，方式很多。好的结尾应收拢全篇，卒章显志，干脆利落，简洁有力，切忌画蛇添足、节外生枝。

好了，今天我们结合谢浩的这篇演讲稿，谈了这么多演讲稿写法上应注意的问题，相信大家一定能够学以致用，写出精彩的演讲稿！

20．如何写好材料作文

材料来源：《世界儿童·课外阅读》（小学版）9 期征稿

主题：嘿！办公室有请（题目自拟）

内容要求："×××，老师叫你去办公室！"被老师叫去办公室的经历，你或许印象特别深刻吧。那么，最让你记忆犹新的是哪一次呢？从你被喊到，到去办公室，到谈话结束，这个过程中你都想了什么？又是怎样表现的呢？有什么好玩的小插曲吗？……把它记录下来吧！

字数：600 字以上

学生例文

 吴雨泽，老师让你去办公室

河南省新蔡县河坞乡戚楼小学　吴雨泽

刚刚过完午休，迷迷糊糊的我正在去洗脸的路上。

眼看洗手间就在眼前了，这时半路杀出来了个袁子宇。看他那满脸堆着坏笑便知道没有什么好事。"没想到你也有今天呀，老师让你去办公室，他要和你聊聊。"我顿时傻眼了，什么？袁子宇不会是骗人的吧？毕竟我们班的同学都深有感触。不管了，洗脸是第一位的，我先去洗了把脸，接着找别人问了一下。不问不知道，一问吓一跳，没想到大家都说是真的，老师让我去一趟。我最近犯了什么错吗？没有啊！我忐忑不安地走进了办

公室。

可是我去了才发现，数学老师根本就不在办公室。果然，袁子宇是骗我的，他们还联合起来骗我。太过分了，当时我已经想到了一万种如何整袁子宇的方法。正当我怒气冲冲出门找袁子宇时，看到数学老师正在向办公室走来，老师一边向我招手一边坐到了自己的位置上，原来真的是让我来办公室！这下我可慌了神，我用我那修炼了百年的小碎步一点一点挪了过去，可办公室就那么大，不一会儿便来到了老师身旁。

可是结局却令我喜笑颜开。原来老师不是批评我，而是奖励。我这次考试考了第二名，至于奖励什么呢？这大夏天的肯定是雪糕啦。老师像变魔术一样，从抽屉里掏出一根雪糕递给我。"表现不错，继续加油！"老师笑眯眯地摸着我头说。

袁子宇没有完全骗我，老师果然是让我来了，但并不是像袁子宇想的那样，而是要表扬我。我就说嘛，我那么乖，那么优秀，老师怎么会批评我呢？

看来被老师请到办公室也不一定都是坏事，有时候还有可能是惊喜哦。

辅导老师：吴帅

中小学生作文中常见的一种形式就是材料作文，尤其是考场作文，常常会以材料作文的形式出现。所谓材料作文，就是根据所给材料和要求来写文章的一种作文形式。材料作文的特点是要求考生依据材料来立意、构思，材料所反映的中心就是文章中心的来源，不能脱离材料所揭示的中心来写作。

材料作文又叫"命意作文"，即出题者已经把作文的"基本中心（意）"

提供给考生了。一般来说材料作文由材料和要求两部分组成，材料按形式分，有记叙性材料（故事、寓言等）、引语式材料和图画式材料。材料作文比命题作文、半命题作文更有利于考生发挥自己的作文水平，考生可以通过自己对材料的理解和解读，选择适合自己的文体进行写作。

小学生的材料作文不像初中高中的那么高深莫测，只是简单提供一种场景，要求我们根据场景创编出故事，所以我们无须想得那么复杂。

那么究竟应该如何写出一篇符合要求的材料作文呢？今天我们就结合吴雨泽的这篇作文来聊一聊材料作文的写作方法。

一、认真阅读材料，弄懂编者意图

要想写好材料作文，读懂材料是关键，只有读懂了材料，我们才能够明白编者的意图，要研读文题，明确考试范围，了解写作要求。读材料，粗知材料内容，初步理解含义，细细地、全面地理解材料，要一字一句地读，做到心中有数。好多学生材料作文成绩不太理想，很大原因就是没有弄懂编者的意图，没有读懂材料的内涵。

我们来看一看这则来自《世界儿童》的征稿材料，通过认真读材料，我们可以看出编者的目的就是让我们回想起去办公室的经历。主题是"嘿，办公室有请"，要求是题目自拟，"最让你记忆犹新的是哪一次呢？从你被喊到，到去办公室，到谈话结束，这个过程中你都想了什么？又是怎样表现的呢？有什么好玩的小插曲吗？……"从这则材料中，我们可以看出来编者考察范围就是写一件我们去办公室的事情。

二、仔细审题，立意正确

读懂了材料的内容，明白了编者的意图，接下来就是很关键的审题、立意了，一篇文章的好坏，立意是关键。在写材料作文时很多学生搞不明白什么是"以 ×× 为主题"，什么是"以 ×× 为题"，一般情况下"以 ×× 为主题"下面就会有题目自拟的提示，这就是说这个主题是个范围，而不是这篇作文的题目，而"以 ×× 为题"就是题目了，因此，我们一定要搞明白。有些人会说了，如果是题目的话应该是书名号，不应该是引号啊，

其实最新的标点符号使用规范里已经明确表示了，只有完成了的文章引用题目时用书名号，还没有完成则用引号，想一想，在写作之前我们的作文完成了吗？这又让我想起另一个很常见的标点符号问题了，有一部分学生习惯写作文的时候题目也用书名号，这肯定是不允许的。

题目确定好了之后，就该立意了，所谓立意就是一篇作品所确立的文意，它包括全文的思想内容，作者的构思设想和写作意图及动机等，其概念的内涵要比主题宽泛得多。立意产生在写作之前，区别于主题，一般意义上所说的主题，就是指作品的中心思想和文章的中心论点及基本观点。主题没有立意的全部特征，立意大于主题，包含主题思想。有时，立意可以包含多重主题，如长篇小说之类大型作品。立意除了正确，还需要创新意识，这在第三点会重点讲述。立意正确就是准确揣摩编者意图，还要具有正能量。

我们来看吴雨泽的这篇作文，他抓住材料中的开头一句话"×××，老师让你去办公室"为题，这个题目就很吸引人，打破了中规中矩的诸如"难忘的一件事""印象深刻的一件事"等常见的题目，让读者一看就很想知道为什么要让他去办公室，究竟发生了什么事，结果会怎样呢……比较吸引读者的阅读欲望。其次，它的立意很不错，去办公室是领奖品的，又一次出乎读者意料。

三、着眼创新，内容新颖

作文最忌讳的就是千篇一律，我在给学生讲作文的时候，一再强调，别人可能想到的千万不要去想，因为一个人能够想到，肯定就会有更多的人都能够想到，这样就没有新意，读者自然就没有读下去的欲望了。叶文玲说过，作文最能够打动人心的除了真情实感，还需要自己呕心沥血的创造。何为"呕心沥血的创造"？当然是想别人所不能想，做别人所不能做。现在有一句话叫"人无我有，人有我优，人优我特"，它不仅可以用在其他方面，也可以用在我们的写作中。所以我在平时讲作文时，很少过多讲解，尤其是不给学生举事例，一旦我举了事例，学生的作文中几乎有一半都是我所举的例子，这就叫千篇一律，读一篇不错，两篇还行，再读估计就会审美疲劳了。

　　我们来看吴雨泽的这篇材料作文，按照常理"×××，老师让你去办公室"，你会想到什么？当然是做错了事，老师请你去喝"下午茶"。不是有一句话吗？天不怕地不怕，就怕老师请喝茶。一到办公室准没好事，这是常人的思维。吴雨泽在听到同学的传话时首先想到的就是仔细回忆一下，自己最近是不是犯了什么错误，确定没有错误之后才怀着忐忑不安的心情来到办公室，结果老师并没在办公室，他又想到了是同学搞的恶作剧，正想转身离开时看到老师笑眯眯地从外面进来，示意让他到跟前，最后才真相大白，原来是因为自己自测成绩不错，老师要奖励他一根雪糕。情节上一波三折，构思上又特别有新意，打破了去办公室准没好事的思维定式，这就叫新颖。

　　材料作文在小学阶段只是作文的一种形式，是编者担心我们不能够很好地了解他的意图，给我们提供的一种具体材料，我们只需要把它看成是帮助我们拓宽思路的工具即可，像我们每单元的单元作文一样，编者为了拓宽我们的思路，都会有作文要求，有取材范围。因此，我们写材料作文时不用考虑得太复杂，毕竟小学阶段就是以写事为主的。至于写作的水平如何，功在平时，这里就不再讲什么写作技巧了，前面每一种题材的作文，我都具体讲解了写作技巧。

　　好了，今天我们根据《世界儿童》的这则征稿材料，结合吴雨泽的这篇作文，分三点讲述了材料作文如何写。现在，让我们再来回顾一下吧，第一要认真阅读材料，了解编者意图；第二要仔细审题，正确立意；第三要着眼创新，内容新颖。希望大家能够牢牢记住这三点，以不变应万变，写出得心应手的材料作文。

21. 如何写童话

 哎呀，我的铅笔活了

河南省新蔡县河坞乡戚楼小学　吴雨泽

"喂，主人！主人快把我放出来，里面太闷啦！"夜里，我刚躺在床上，隐隐约约听到房间里有人在说话，我左看右看也没人啊。突然，我的文具盒掉到了地上，文具撒了一地，一支铅笔站起来伸伸懒腰说："哎呀，终于自由了！"我被吓呆了，我的铅笔竟然活了！

我一把抓住它，它竟然不挣扎。它两只眼睛、一个鼻子、一对耳朵，还有两只又细又长的脚，简直就是一个人的样子！它又开口说："主人，还有国民们都在等着你呢！"国民？我正疑惑呢，只听它一吹口哨，房间里大大小小几十支铅笔都活了，它们站在书桌上排成方阵，领头的对我说："国王您好，我是铅笔王国军队的将军，铅笔大军接受您的检阅！"这时一个厨师打扮的铅笔又给我递上一份菜谱，上面都是油炸书纸、回锅书纸……看它们吃得津津有味，我可咽不下肚。

铅笔士兵们酒足饭饱后正在休息，一个哨兵急急忙忙地跑进来："不好了不好了，隔壁的橡皮王国向我们发动进攻了！"我推门一看，十几块橡皮从爸爸的房间里气势汹汹地走过来。我马上召集铅笔王国的所有士兵迎战。士兵们架起"墨水炮"，摆起"牙签阵"，在我的指挥下左右迂回发起猛烈攻击，最终橡皮大军被打得落花流水。战斗结束后大家都精疲力尽，

打扫完战场就休息了。

"哎呀！"第二天早上我被吵醒了，起来一看，原来是爸爸踩到了地上的墨水。爸爸一边嘟囔："昨天晚上谁在地上洒那么多墨水……"一边拿起拖把打扫，我和桌子上的铅笔相视一笑，谁也不说话。

辅导老师：吴帅

提起童话我们并不陌生，从牙牙学语到跨进学校，我们一直都在接触童话，我们听到的第一个故事都是从童话开始的，尤其是一二年级的课文基本上也都是以童话故事为主，可以毫不夸张地说，我们的童年就是在童话的陪伴下成长起来的。今天我们就结合吴雨泽的《哎呀，我的铅笔活了》这篇童话，来谈一谈童话应该怎样写。

要想创编童话，首先就要明白什么是童话，根据百科知识的定义，我们来给童话下个定义：童话是儿童文学的一种，根据儿童的特点，通过幻想、夸张和拟人化的手法来展开情节，塑造形象，反映社会生活。童话根据主人公的类别，又可以分为拟人体童话，以物（或物品）为主要描写对象，通过拟人手法的运用，赋予动植物（或物品）以人的思想、行为（代表作如《木偶奇遇记》）；超人体童话，超人体童话是指描写超自然的人物及其活动，主人公常为神魔仙妖、巨人侏儒之类，他们大都有变幻莫测的魔法和种种不平凡的技艺，多见于民间童话和古典童话之中（代表作如《巨人的花园》）；常人体童话，这类童话中的人物，看起来与常人完全一样，但其性格、行为、遭遇都极度夸张，往往具有某种讽刺性和象征性（代表作如《皇帝的新装》）；知识体童话，以介绍各种自然知识、科普知识为主的童话，比如《小蝌蚪

找妈妈》等。吴雨泽的这篇童话，很明显是拟人体童话和常人体童话的结合，因为他把自己也作为一个主人公去参与童话的情节发展。

了解了什么是童话以及童话的分类，下面就来谈一谈童话的写作要点。

一、构思好故事情节

童话只是一种以叙事为主的文学体裁，因此，在创编童话故事时也要像构思一篇叙事类文章一样，想好故事情节，如何布局谋篇，按照什么顺序去写等等，都是我们在构思的时候需要考虑的。其实，好多老师在开始学习创编童话的时候，都会告诉大家，我们就把发生在自己身上的故事，当成是发生在动植物身上的故事去写，这是最简单，也最行之有效的方式，自己经历的故事印象是非常深刻的，想法、动作、语言都历历在目，这时候你把这个故事移植到几个动植物身上就容易写出来了。

我们可以看吴雨泽这篇童话，猛一看好像是和现实无关，其实这都是儿童经常做的梦，或者说是经常玩的一种游戏，这样想来故事情节立马就变得合情合理了。因为童话其实也是根植于现实生活的，是现实生活的一种折射。

二、运用大胆的想象

童话最大的特点就是想象大胆、离奇，超越常人常规，现实生活中不可能存在的事情都可以变得合情合理，我们在读童话的时候不能够去考证这个故事可能不可能发生，如果那样去衡量的话，童话都成了瞎编乱造了。只有大胆离奇才更符合儿童的特点，打个比方来说，婴幼儿喂布娃娃吃饭，和小猫小狗说话，如果要以成人的眼光去看待的话是不是有些荒谬？但在儿童的认知世界里一切的一切都是有生命的。就拿大家都熟悉的《卖火柴的小女孩》来说吧，这是一篇常人体童话，小女孩每擦燃一次火柴就能够看到自己梦寐以求的东西，解决现实生活中的一种问题，这是不是也是不可能的事呢？但在童话中就是再正常不过的事情。

我们来看吴雨泽的这篇童话，铅笔活了，而且作者还变成了铅笔王国的国王，饱餐了一顿铅笔王国的盛宴，并带领铅笔王国的兵将抵御了橡皮

王国的进攻，这是不是很离奇呢？这就是大胆的想象，其实我们仔细想一想，他这篇童话就来源于现实生活中男孩子喜欢打仗、厮杀的情景，这样一来虽说想象很奇特，但也能够从中看到现实生活的影子，也就合情合理了。

三、拟人手法是童话的一大特色

拟人手法的运用是童话创作的一大特色，在童话中一切不可能皆有可能，拟人手法就是赋予一些原本不具备人的思想的动植物（或物品）以人的思想、言行，去做一些只有人才可以做到的事。因此，在童话中动植物可以说话、可以跑闹、可以思考，可以像人类一样有喜怒哀乐、情感变化。这一点比较容易理解，就不再作过多解释。

我们来看《哎呀，我的铅笔活了》中，这些铅笔、橡皮，是不是都像人类一样可以行走、打仗、思考呢？

四、童话的目的是传递真善美

人之初、性本善，儿童的世界都是真善美的，他们还没有能力辨别假恶丑，所以在儿童的认知世界里，一切都是美好的。童话的读者对象就是儿童，所以童话的创编一定要符合儿童的认知，要以传递真善美为目的。仔细想一想，我们看到的童话故事是不是都是公主遇上了王子，过上了幸福的生活，善良的人都有美好的结局，作恶的人都没有好下场，这就是儿童的思维。

就拿吴雨泽的这篇童话来说吧，虽然情节比较简单，但也体现了侵犯别人的人注定会失败的思想。铅笔王国本来一派祥和，橡皮王国突然发动挑衅，最终铅笔王国获得了胜利。

五、故事情节要一波三折

白雪公主被王后陷害几次，才遇到了王子？三次。灰姑娘几次参加王子的舞会？三次。《三只小猪》《三片羽毛》《三个幸运儿》等经典的童话也都和"三"有着千丝万缕的联系，这就告诉我们在创编童话的时候一定要考虑到童话的结构特点，不能简简单单叙述一件事完事，要给故事制造出一些波折，让幸福的生活来得不是那么容易，这也正符合目前很流行

的一句话：幸福都是奋斗出来的。

关于一波三折我在"三招，让你把作文写具体"和"文似看山不喜平"两节中都做了详细的介绍，这里不再具体阐述。简单地来说，情节要一波三折就是不要让故事结束得太早，要想办法制造出一些"意外"，让故事节外生枝。回忆一下我们读过的童话故事，国王都会有三个儿子，国王要考验三个儿子，前两个儿子一定都没有成功，只有第三个儿子踏实能干，最后取得成功；同样的，做一件事主人公也都至少做了三次，前两次都没有成功，最后一次才成功。

就拿吴雨泽的这篇童话来说吧，本来进入铅笔王国就是一个情节，参与了铅笔王国的盛宴又是一个情节，按理说，参观完了也吃完了该离开了吧，可作者偏偏又来个"节外生枝"，遇到橡皮王国来进犯，自己又带领着臣民来了一场阻击战故事才结束，这就是一波三折。

六、要使用儿童化的语言

经典的童话为什么能够经久不衰？因为它的语言比较简洁，重复性语言较多，我们可以看看在经典童话中有很多句子都是反复出现的，这就是儿童的语言特点，简单重复，看似啰唆，实则是儿童语言的真实再现，只有这样的语言才会好记，易于传播。最典型的就拿《白雪公主》来说吧，王后每次问魔镜的话，以及魔镜的回答，是不是基本都是一样的？

童话的对象就是儿童，只有符合儿童的语言规律，才会受到儿童的喜爱，所以童话创作和儿童作文一样，不要站在成人的角度去思考儿童的世界。

其实，童话故事虽然想象大胆、离奇，但也要有一定合理性，不能够太过于随心所欲。就拿我们学过的课文来说吧，《在牛肚子里旅行》，为什么蟋蟀是被牛吞进肚子里，而不是被猪羊吞进肚子里呢？因为牛有反刍的特点；《小壁虎借尾巴》为什么是壁虎借尾巴而不是其他动物呢？因为壁虎的尾巴断了可以再长；《蜘蛛开店》，蜘蛛每次的服务内容正好和来的顾客形成了对比、反差，这样一想，我们的童话创编是不是既要考虑天马行空，也要合情合理呢？

就拿《哎呀，我的铅笔活了》这篇童话来说吧，我们来看一看，铅笔

王国吃的食物是什么："油炸书纸、回锅书纸……"因为这些和铅笔的生活是关联的。再看，进攻铅笔王国的是谁？是橡皮王国！还不是因为铅笔橡皮是互相制约的吗？这样想来，这篇童话的情节是不是就合情合理了？

今天，我们结合吴雨泽的《哎呀，我的铅笔活了》，具体介绍了童话的写作方法，相信大家一定想好童话素材了，那就抓紧时间行动吧！

22. 如何写好说明文

 我的新手表

河南省新蔡县河坞乡戚楼小学　袁帅

今天，爸爸给我网购的新手表到了。中午，妈妈把快递盒交给我，我打开盒子小心翼翼地把手表取出来，实在是太漂亮了！手表两侧有很多功能键，我照着说明书开始细细把玩这个新手表。

先说外观吧，如果你也是第一次看到它，一定会被它精美绝伦的外观所惊艳！柔软舒适的皮质表带、充满科技感的电子表盘、质感出众的金属表框……就连后盖都闪耀着银色的光芒，整块手表充满了绅士风度。

不仅如此，这块手表还有许多特色功能。它是夜光的，即使在黑夜，只要把手腕抬起手表就会亮起来，夜晚再也不用开灯看时间了。说到这你可能会想，这块手表一定很费电吧？那得用多少电池啊！悄悄告诉你，这块手表可是太阳能充电的哦！只需要把它放在太阳下晒足三个小时它就可以充满电，而且充一次电就可以用两个星期，既环保又安全。除此之外，这块手表还有运动和睡眠功能，测心率、步数、速度，检测睡眠质量，定闹钟等各种功能一应俱全，简直是十足的黑科技啊！

我轻轻调好日期和时间，又把房间的窗帘拉上躲进被子里，一抬手手表果然亮起来了，绿色的光芒让整个表盘清晰可见，而且它的表盘还是可以改变的。表盘变换间手表也发出不同的颜色，像一个在黑夜中行走的

游侠！

这就是我的新手表，不仅外观精美，功能更是无比强大，戴上它我就感觉整个人都充满了自信！

辅导老师：徐中义

技法点拨

同学们，在现实生活中，你有没有遇到过向别人介绍一样东西的时候呢？其实，我们在向别人介绍一样东西的时候，运用的文体就是说明文。如果给说明文下个定义的话，那就是一种以说明为主要表达方式的文章体裁，对客观事物做出说明或对抽象事理的阐释，使人们对事物的形态、构造、性质、种类、成因、功能、关系或对事理的概念、特点、来源、演变、异同等能有科学的认识，说明文的中心鲜明突出，文章具有科学性、条理性、严谨性，语言确切生动。它通过揭示概念来说明事物特征、本质及其规律性。说明文一般介绍事物的形状、构造、类别、关系、功能，解释事物的原理、含义、特点、演变等。说明文实用性很强，它包括广告、说明书、提要、提示、规则、章程、解说词等。说明文有的是以时间为序，有的是以空间为序；有的由现象写到本质，有的由主写到次；有的按工艺流程顺序来说明，有的按事物的性质、功用、原理等顺序来说明。

叶圣陶说过：说明文以说明白了为成功，那么究竟如何来写说明文呢，今天我们就以袁帅的这篇《我的新手表》为例，来谈一谈说明文如何写。

一、明确说明对象

要想写好说明文，首先就要明确说明的对象，只有清楚自己要向别人

介绍的是什么，才有可能围绕着这一对象的特征去逐一介绍。说明文有事物说明文和事理说明文，不同的说明对象说明的内容也是不一样的，事物说明文是以介绍事物的外在特征为主要目的，事理说明文是以说明事物的内在联系为主要目的。

我们来看袁帅这篇说明文，他的说明对象是新手表，手表是一种事物，可见这是一篇事物说明文，主要就是抓住手表的外形、功能、使用方法介绍。

二、确定说明顺序

和其他文体一样，说明文也需要按照一定的顺序对说明对象进行介绍，常见的说明顺序有时间顺序、空间顺序和逻辑顺序。按时间顺序介绍和记叙文相似；按空间顺序写需注意观察点，注意事物的表里、大小、上下、前后、左右、东南西北等的位置和方向；按逻辑顺序写要注意摸清各部分的内在联系，由表及里，由浅入深，由现象到本质。《太阳》这篇课文主要从远、大、热等特点，以及太阳和人类之间的关系几个方面来介绍，《松鼠》这篇课文是从外形、活动范围、繁殖等几个方面介绍，小学阶段我们接触的都是一些简单的事物说明文，写法相对来说也简单一些，事物类说明文的顺序也不是太严格，一般情况下，几个方面可以调换顺序，也不影响文章的表达。不过按照一般的表达顺序基本上都是把外形放在开始介绍。

我们来看袁帅的这篇文章，"先说外观吧""不仅如此，这块手表还有许多特色功能"，从这两句话中可以看出，他是按照外形、功能这样的逻辑顺序介绍的，因为外形是第一印象，功能只有接触之后才能够慢慢了解。

三、抓住对象的主要特征

和状物类作文一样，当我们明确了说明对象之后，就要考虑一下别人可能对这一事物的哪些方面感兴趣，以此来决定自己的介绍内容。每一样事物的特征都有很多个方面，我们不可能也没有必要面面俱到都介绍出来，而是要选择最主要的特征去介绍。比如说我们要介绍的是一样家用电器，那么，我们就要选择家用电器的外形、制作材料、使用方法、功能、注意事项等方面去介绍。

就拿《我的新手表》来说吧，"柔软舒适的皮质表带、充满科技感的电子表盘、质感出众的金属表框……就连后盖都闪耀着银色的光芒，整块手表充满了绅士风度"，这是它的外形特征；"除此之外，这块手表还有运动和睡眠功能，测心率、步数、速度，检测睡眠质量，定闹钟等各种功能一应俱全，简直是十足的黑科技啊"，这一部分介绍的是它的内部特征，只有详细了解之后才能准确把握。

四、使用恰当的说明方法

说明文为了把说明对象说明白，就要使用一些说明方法，小学阶段常见的说明方法有下定义、做解释、分类别、打比方、列数字、举例子、引用、列图表等。

下定义：就是用准确的、简明的语言来说明事物的特征、揭示事物的本质，使这种事物和另一种事物区分开来的一种说明方法。比如：笑是反映内心活动的一种面部表情。另外，像我们数学书中的什么是三角形、正方形、长方形之类的就属于下定义。

作解释：就是对事物进行解释的一种说明方法。如：如此浩荡的海水中竟没有鱼虾、水草，甚至连海边也寸草不生，这大概就是死海得名的原因吧。这段文字解释了"死海"的"死"的含义：没有生命。

分类别：就是对复杂的事物进行分门别类的介绍的说明方法。采用分类别的说明方法要注意分类的标准要统一。比如：文学作品按体裁来分可以分为四种：小说、诗歌、散文和戏剧文学。

举例子：就是用实际的事例把抽象、复杂的事物说得具体形象、生动的一种说明方法。如：课文《鲸》通过列举一种号称"海中之虎"的虎鲸，常常好几十头结成一群，围住一头三十多吨重的长须鲸，几个小时就能把它吃光为例，来说明鲸的食量很大。

作比较：就是把两种不同的事物放在一起进行对比说明的一种方法。如：新疆生产建设兵团在天山南北建立国营农场，开沟挖渠，种麦种棉，那里原是不毛之地，现在一片葱茏，俨然一片绿洲。分析：以前是"不毛之地"同现在的"俨然一片绿洲"进行比较，表明沙漠是可以征服的。

打比方：就是以比喻的方式进行说明的一种方法。采用打比方的说明方法，同时还可以认为是描写的表达方式，一般是采用明喻，能把抽象、复杂的事物说得简明生动，通俗易懂。如：大礼堂呈椭圆形，有两层挑台像两弯新月，围拱着主席台。

引用：用有关的资料、名言、俗语、谚语来进行说明的一种说明方法。如：出现朝霞，表明阴雨天气就要到来；出现晚霞，表示最近几天里天气晴朗。所以有"朝霞不出门，晚霞行千里"的说法。分析：引用谚语说明霞和天气的关系。

列数字：就是运用数字来进行说明的方法，可以采用确数、约数、倍数、百分比等。运用数字进行说明，必须准确无误，符合客观实际。注意采用列数字的说明方法时，表示约数的"大约""上下""左右""多"等词不能去掉，去掉的话，就使约数变成了确数，不符合实际。表示推测语气的"可能"也不能去掉，去掉的话，就成了肯定语气。如：一只青蛙一昼夜能捕食 70 多只害虫，一个月约吃 2000 只，一年吃掉害虫 15000 只左右。分析："多""约""左右"等词不能去掉，去掉的话，就使约数变成了确数，不符合实际。

列图表：就是用绘图和表格来说明事物的特征。这种说明方法小学阶段并不常用，不过如果我们要介绍一种实验的制作方法，用上这种方法会更直观，也更形象。

用上这些说明方法，可以让我们的说明更生动、形象。就拿袁帅这篇文章来说吧，其实他自己并没有意识到这就是说明文，因为在五年级上册第五单元的习作单元我们才正式接触说明文，但这篇文章就采用了列数字的说明方法，来说明手表的省电、耐用："只需要把它放在太阳下晒足三个小时它就可以充满电，而且充一次电就可以用两个星期。"

五、语言准确明了

说明文不同于其他文体，用词必须十分严谨、规范，模棱两可的词是不能随便使用的。如果没办法实际测量，在介绍的时候估算也要尽可能精确，不能相差太远，闹出笑话。比如有人在介绍文具盒的时候，说他的文

具盒长有 1.5 米，宽 0.8 米，这肯定是不可以的，完全不符合实际，就不符合说明文的严谨、准确、规范的要求。也正因为如此，我们才会在说明文中经常见到"大约""左右"等表示估计的词语，这些都是说明文科学严谨的力证。

六、结构要完整

为了使说明文的结构更加完整、严谨，一般情况下，初学阶段还要把握文章的结构层次，说明文的结构一般有总分、总分总、分总，三种形式。我们来看袁帅的这篇《我的新手表》，就是按照总分总的结构来写的，整篇文章思路非常清晰，结构显得比较严谨。

今天，我们结合袁帅的这篇《我的新手表》，具体介绍了说明文的写作方法，希望今后我们能够学以致用，试着向别人介绍自己的事物。

23．如何让一篇没有特色的作文"起死回生"

学生习作有一个比较大的毛病就是主题不明，读者看了之后不明白作者究竟想说什么。任何一个成功的作家都有明确的写作目的，他想通过这篇文章表达什么意思？是歌颂还是批判，是喜欢还是厌恶，一目了然，就像我们做事一样，我们做任何事也都是有目的的，并不是走走停停、漫无目的。但是我们孩子的习作目的可不是太明显，看了之后我们并不明白他究竟想表达什么意思，或者说就是单纯地说一件事，没有任何有价值的主题，思想上没有升华到一定的高度，我把这种现象统称为主题不明确。

先看这篇习作：

 扭扭大作战

今天吃过晚饭，爸爸、弟弟和我一起去田野里散步。这是我们的一个习惯。在散步的过程中，我们边走边聊，回来的时候弟弟突然说："咱们玩扭扭大作战吧？"我问："怎么玩啊？"弟弟回答："是这样的，你和咱爸用身体挤对方，谁能把对方挤到田野里，谁就是获胜者。""这样吧，咱们两个一起挤咱爸吧，咱爸太重了。"我说。弟弟答应了。

我一边做热身运动一边说："等会儿你先上，你先去偷袭让咱爸动一下接着我再去使劲撞两次，这样就会使咱爸掉到田里去了。"本来这个计划完美无缺，可谁知执行起来却是那么的难。

没过多长时间就开始比赛了。弟弟按照我说的先偷袭爸爸，谁知弟弟太轻，爸爸一点也不动。还一使劲把弟弟撞到了田野里。好吧！真是计划赶不上变化，只能随机应变了。我使劲挤爸爸，可他一点也不动。老爸还

准备撞我，我只好使出撒手锏了。

爸爸在前面走着，我在后面跟着，走着走着，我突然撞了一下爸爸，爸爸被我撞了一个趔趄，正准备撞我，我突然往后一移。连续几次这样，但是由于是断断续续的，还是无法把爸爸撞到田野里。这时弟弟来了，我和弟弟一起撞爸爸，可是爸爸还是没动多少。爸爸开始反攻，稍微一使劲我俩都被撞到田地里了。

我十分生气，心想："我要是能再胖一些就好了，就能把爸爸撞到田地里了。"我们只好采用偷袭战略，可是偷袭战略好是好，但是由于威力太小，根本不足以让爸爸到田地里。我们一直玩到回家，我发现一直都是我和弟弟被撞到田地里，爸爸只是被撞个趔趄，根本没有被撞到田里。

唉，我的力气要再大一点就好了。

可以看出这篇习作作者就是在把父子三人晚间散步玩撞人的扭扭游戏如实地记录下来，并没有什么突出的地方，作者究竟想表达什么意思我们并不知道，或者很模糊，不同的读者会有不同的看法。那么我们如何让这种作文起死回生呢？请看我的修改。

 扭扭乐

河南省河坞乡戚楼小学　吴迪

今天吃过晚饭，爸爸、弟弟和我一起去田野散步，这已经成为了我们的一个习惯。在散步时，我们边走边聊，不知不觉我们已经走了一大半，回来的时候弟弟突然说："咱们玩扭扭大作战吧。"我迷惑不解地问："怎么玩啊？"弟弟回答："你和咱爸用身体挤对方，看谁能把对方挤到田地里，谁就是获胜者。""可是咱爸是大人，太重了，咱们两个一起挤咱爸吧。"我说。弟弟答应了。

我一边做热身运动一边说："等会儿你先去偷袭咱爸，接着我再去偷袭，使劲撞两次，这样咱爸就掉到田里去了。"可想象很美好，现实很骨感，比赛一开始，弟弟按照我说的先偷袭爸爸，谁知弟弟体重太轻了，爸爸一

点也不动，反倒一使劲把弟弟撞到了田地里。好吧，真是计划赶不上变化，只能随机应变了。我使劲挤爸爸，可爸爸实在是太重了，依然像一座山一样岿然不动。老爸还准备反击，我只好拿出撒手锏——诈降了。

爸爸在前面走，我在后面跟着，爸爸见我们没有偷袭，以为游戏结束了，优哉游哉地看着天空吟诗呢。我突然使出吃奶的力气向爸爸撞去，爸爸一个趔趄到了麦地里。爸爸回头正准备撞我，我却突然往后一缩，躲开了爸爸的攻击。就这样，连续几次爸爸被我撞了好几个趔趄。但是由于我攻击不连贯，没法儿把爸爸撞到田野里。这时弟弟来了，我和弟弟一起撞爸爸，可是爸爸早做好准备了，往那儿一站像座塔，任凭我俩撞击，就是纹丝不动，待我们斗志低落时，左右开弓连连撞向我和弟弟，很悲催，我俩都被爸爸给撞到田地里了。

唉，我要是能再胖一些就好了，就能把爸爸撞到田地里了。明攻不行，就来暗的，老规矩给他来个攻其不备的偷袭战略，可是爸爸早就领教过了这招，已经有了戒备之心。每次偷袭不是把爸爸撞到地里，而是被爸爸借力打力把我和弟弟撞到田地里。

虽然我没有赢得爸爸，但依然很开心，要不是散步的机会，平时我们根本没机会和爸爸玩耍，他不是在看书就是在写稿。

原文的主题很模糊，但是材料还是挺不错的，那么既要保留她的原创素材，又要让她的作文有特色，就要动脑筋想一想如何在原稿的基础上确立一个明确的主题，让人一目了然。于是我就抓住了作者的快乐这条情感主线，很明显作者和爸爸、弟弟每天晚上散步体现的是浓浓的亲子感情。如何来体现呢？整体阅读之后，我把她的题目变成了"扭扭乐"，从作者的原文中我们可以看出来，他们这个游戏名字就叫"扭扭大作战"，而且父子三人玩得很快乐。改这个题目有两个意思，一是游戏给人带来快乐，一是这种温馨的画面让人感到愉快。

接下来就要从内容上考虑了，主题确定了，内容就要往主题上靠拢，材料上就得有取舍。原文是单纯的纪实，就是把整个过程一字不落地记录下来，但是要想让内容为主题服务，有些内容是不能出现的。比如因撞不

过爸爸"我"很生气，这应该是孩子的真实表达，但是既然是游戏，而且主题是亲子之间温馨快乐的游戏，这种生气的事就不能要了。

材料选定了之后，内容上也得往主题靠拢啊，怎么办呢？我就给她的结尾处来了一个转折，通过一个小的自然段来升华一下主题。因为对于作者我是比较熟悉的，就引导她往主题上靠，修改稿的结尾是我提示后作者自己写的。经过这一简单的小结升华，既点明了中心，又照应了题目，结尾自然也就成了点睛之笔了。修改后的习作就变得中心明确，主题突出，而且思想上也升华了。

像这种作文还有很多，比如还是吴迪的《录音直播》，写的内容也是爷仨晚饭后散步玩扭扭大作战的事。和这一篇相似的就是也是纪实似的把整个过程记录了下来，区别是这次是带着录音笔去的，要全场录音回去好回放整理写作素材，所以心里就有了忌讳，不敢说什么出格的话。但是作者偷袭老是失败后，爸爸一改往日一贯防守的战略，也向作者发起了偷袭，导致作者惨败，作者很生气就忍不住埋怨爸爸偷袭。

按理说这也是一篇多元解读的小作文，但我抓住了爸爸偷袭她这一个细节，把主题升华到人生道理上，引导她写出通过这件事爸爸对她的教育，最后结尾点题。照样又是把一篇没有特色的习作变得有亮点了。

由此可见，在修改孩子们主题不鲜明的作文时，我们要善于在孩子原稿的基础上抓住一个点进行深挖，提炼出一个鲜明的主题，再有目的地选择材料，通过内容的集中点题等形式，让孩子们的作文焕发出活力，成为有层次感、有思想境界的好作文。

24．三招，让你把作文写具体

　　小朋友们，如果问你们写作最大的问题是什么，你会如何回答呢？我听到了，有的说不具体，不形象，不生动；有的说不会写，没内容，没材料。其实这些问题可以归纳为一个问题，就是不具体，生动形象了自然就具体了，所谓的材料也可以理解为内容，会写了自然就有内容了。

　　有人说读小学生的作文干巴巴的，味同嚼蜡。其实我们的生活像万花筒一样色彩缤纷，有滋有味，尤其是我们农村孩子没父母在身边管理，也没有各种辅导班，生活是很丰富的，可为什么还是不能写出有声有色的习作呢？不是说活得精彩、做得精彩，就能写得精彩吗？这究竟是缺失了什么呢？方法！下面我就来教大家三招，帮助大家解决作文写得不具体的问题。

　　第一学会描写。我们仔细回忆一下自己的作文为什么不会把事情写具体呢？最主要的就是不会描写。翻翻我们的作文你会发现，我们的作文都只是在叙事，而不是描写。比如，今天我和某某某做了一件什么事，结果怎么样。就这样完了，中间缺失的东西太多了！怎样学会描写呢？其实很简单，首先要明白什么样的句子是描写，什么样的句子是叙述。举个例子来说吧："太阳升起来了。"这就是叙述，在向别人讲述一件事，别人一听就知道发生什么事了。而"火红的太阳缓缓地从东方升起来了"就是描写，它既交代了事情，又让人知道了什么样的太阳怎样升起来的。对人物的刻画、景物的描摹都可以这样去练习，比如"他有一双眼睛，一个鼻子，一张嘴"这是叙述，而"他有一双炯炯有神的大眼睛，高高的鼻梁，一张大大的嘴巴"则是描写了；"校园的花坛里有一棵梧桐树"是叙述，"校园的花坛里有一棵高大的梧桐树"就是描写，这样一对比大家是不是就知道了什么是描写，

什么是叙述了？

第二要学会追问。不会描写怎么办？要尝试着追问，多问几个为什么，怎么样，把这个一连串追问的过程记录下来，就是描写了。描写实际就是把别人不清楚的写上去，让别人清楚了。有人说描写就是加上形容词、数量词、动词等一些修饰性的词语，不错，你们能够有这样的思维就很不错了，说明你们知道描写的效果了。比如我们来写自己写作业这件事吧，就可以尝试追问：我写的是什么作业呀？我是什么时间写的呀？我是怎么写的呀？有没有遇到难题呀？是如何克服的呀？结果怎样啊？这一连串地追问下去，我们的作文能不具体吗？作文教学专家管建刚老师说，很多学生在写作文时省略的东西太多了，弄得人不会说话了，不会动了。其实我们笔下的作文何止是此处省略六点呀，省略了好多个点啊！我们的任务就是唤醒内心追问的意识，把人物写活，让人物像正常人一样能说会道会思考，让我们笔下的景物有形有色有声音。比如说，写人物动作，"妈妈打了我一顿"，妈妈怎样打的？为什么打？打的时候说话了没有？表情怎么样？打的结果怎么样？……这样一来就形象了吧。哪有人打人的时候就只打人不说话没表情啊？再比如写景吧，也可以追问啊，比如：什么地方的景？什么颜色？什么形状？什么气味？你觉得它像什么？……这样追问下去能不具体吗？

但是，我们一定要明白追问并不是说在作文中多问几个为什么，而是在心里面对自己进行追问，在作文里面只需要这样去思考，按照追问的流程去记录即可。当初我刚开始教学生追问的时候，跟学生说写作文一定要多问几个为什么，怎么样。结果学生交上来的作文一会一个"这究竟是为什么呢""他是怎样做的呢"……像这样的作文就是没有真正理解我的意思。

第三要学会一波三折。三这个字在咱们中国乃至世界都是有一定的文化内涵的，尤其是在文学名著中，比如三顾茅庐、三借芭蕉扇、三打祝家庄、三气周瑜……在中国三是一个阳数，代表着极大的数，"一生二，二生三，三生万物"，三和九一样都是表示大数。在"一波三折"中就是表示波折很多的意思，中国有句俗话就叫"事不过三"。很多老师在讲作文时也会提到"要想字数够，就用三来凑"，其实这里的"三来凑"并不是简单地

凑字数，而是在好多写事写人包括写景的作文中都可以借鉴的一种写作技巧，使用的前提就是在前两步的基础上。

有人会说写景文怎样一波三折呢？想一下，如果我们到某一个地方去玩，回来后别人让我们讲一讲你都见了哪些景物，你会一处不落地讲完吗？肯定不会呀！那么多景点你也不可能一处不忘呀，你所记住的都是给你留下深刻印象的。假如你真把所有景点都介绍了，别人也不知道究竟哪里好哪里不好了，因为平均用力了，不能突出重点。因此，在介绍景物时，也只需要重点介绍三处，其他进行简略处理，这样才能把你最想介绍的凸显出来。写人物作文时，我们不可能像写长篇小说一样长篇大论地把人物的复杂性格都展现出来，我们要集中一个点去写，写一件事去证明他有这个特点别人会认为这是偶然，写两件事吧，别人又以为是无独有偶，纯属巧合了，三件呢？可以，有说服力。但这个"三折"也不能平均用墨，要根据需要合理安排。

这三种方法不是单一出现的，而是相辅相成的，经过不断地追问，我们学会了描写刻画，再在情节上安排上一波三折，作文就有吸引力了。

怎么样，老师讲的这三招你学会了吗？

25. 文似看山不喜平

 齐天小圣闹天宫

河南省新蔡县河坞乡戚楼小学　吴雨泽

今天一觉醒来，我发现自己拥有了孙悟空的超能力，不仅可以七十二变，有一个可变大变小的金箍棒，还有一个名字叫齐天小圣。

就在这时，一只鸽子落在我肩上，原来是玉皇大帝飞鸽传书。自从上次孙悟空大闹天宫，玉皇大帝觉得齐天大圣太难对付，于是想拿我齐天小圣出一口恶气。

我二话没说，驾着筋斗云向天庭飞去。刚到南天门就看见千军万马正在等着我，好家伙，不多不少，正好 8100 个天兵天将。虽然我第一次见到这种大场面，但心里不慌也不乱，从耳朵里取出金箍棒，嘴里连说三声："变，变，再变！"就这样变到了十几层楼的高度。我用力一甩，金箍棒来了个 360 度旋转。当我发现他们已经倒了不少人时，心里由衷地佩服这金箍棒的威力真是太大了。其他的士兵显然是被吓退了，先是慢慢向后退去，接着连武器都不要了，直接跑回了天庭。

我半个筋斗云，直接翻进了玉皇大帝的凌霄宝殿。这里可真是金碧辉煌，整个宫殿上上下下都是锃亮的土豪金，一看就不是一般人住的地方。我推开门走了进去，只见二郎神正在里面等着我。我们二话不说就直接开战，二郎神双手拿着方天画戟上下翻飞向我连刺七七四十九戟。我躲，我躲，

我躲躲，一连躲了七七四十九载，就在二郎神一愣神的工夫，我再次从耳朵里抽出金箍棒打了他一个措手不及、狼狈逃窜。

就在这时，只听一阵呼呼的风声，托塔李天王的宝塔向我罩了过来。"没门儿！吃俺小孙一棒！"我一跳躲过托塔天王的宝塔，就势一顶把他的宝塔打碎了。托塔李天王见势不妙抱头鼠窜。

"猴子，休得猖狂！"就在我得意时，一个脚踩风火轮的少年赶了过来。没错，正是哪吒。他一上来就用三头六臂和我较量。不过没有几个回合，我就把他打得夺路而逃。

哈哈哈，看来我齐天小圣也可以大闹天宫呀！

好多孩子都跟我说作文最难的是字数，一到写作文时就发愁怎么才能完成老师规定的字数呢？其实，这除了细节描写没到位之外，还有一个重要的原因，那就是：写出来的作文情节太简单，没有一波三折的跌宕起伏，这样的作文读起来就不会给人留下深刻的印象，人物形象自然也就不能够很好地塑造出来了。下面我就结合吴雨泽的这一篇《齐天小圣闹天宫》来谈一谈如何让作文中的故事像山岭一样跌宕起伏。

作文就像我们看的电视剧和童话故事一样，要在情节上制造一些波澜，这样才能够更加吸引人，否则读者就没有继续读下去的欲望。清代诗人袁枚在《随园诗话》中说"文似看山不喜平"，意思就是说写文章好比观赏山峰那样，喜欢奇势迭出，最忌平坦。

一、"三"的文学意义

"三"在古代就是表示多的意思，老子有句话叫"一生二，二生三，

三生万物"，在我们的汉语中有好多带有"三"的词语，比如三五成群、三令五申等等，在这些词语中"三"都是表示很多的意思，而不是一个单纯的"三"了。这从我们的造字方法中也可以看出来，最常见的当然是我们都熟悉的三人众、三木森、三火焱、三水淼了。

因此，在我国文学作品中，常常会看到带有"三"的故事情节，比如三顾茅庐、三借芭蕉扇、三探盘丝洞、三打白骨精等等。不光中国人喜欢用"三"，在外国文学作品中作者对"三"也是情有独钟的，就拿我们熟悉的童话故事来说吧，恶毒的王后几次毒害白雪公主呢？三次。灰姑娘几次去参加王子的舞会呢？也是三次。

我们来看看吴雨泽小朋友的这一篇《齐天小圣闹天宫》，小作者也是安排了三次战斗，先是和二郎神，接着是托塔李天王，最后是哪吒。

二、制造矛盾

我们在看电视剧的时候，如果看到主人公想干什么都能够很容易如愿以偿的话，那我们一定不会喜欢看了。所以，无论是导演还是作者都不会让他那么轻而易举地得偿所愿，总会想方设法制造一些矛盾，有了矛盾就会有冲突，就得解决矛盾，这样一环套一环，故事情节不就惊险动人了吗？就拿我们耳熟能详的动画片《喜羊羊与灰太狼》来说吧，灰太狼一次又一次地想去羊村偷羊，喜羊羊一次又一次地阻止灰太狼的计划，正是这样我们才能感觉到灰太狼实在是太狡猾了，太笨了，喜羊羊真的很聪明也很勇敢，如果导演就拍一个情节的话，故事还会那么精彩吗？我们还会喜欢看吗？

我们来看这篇《齐天小圣闹天宫》，如果小作者就安排齐天小圣和二郎神的一次冲突，故事是不是很快就结束了，但是这样一来，我们就不能够很好地认识到齐天小圣的本领高强了，齐天小圣大闹天宫闹得也太容易了。这样的故事情节就太过简单，不够吸引人，齐天小圣的形象也就不会那么丰满了。正是因为吴雨泽小朋友认识到了这一点，所以他才能够不断去制造矛盾，齐天小圣战败了二郎神，来了托塔李天王，打败了托塔李天王，哪吒又来了。

三、解决矛盾，构思情节

王后用毒苹果毒死了白雪公主，七个小矮人把白雪公主喉咙里的毒苹果拍出来了，白雪公主就复活了；王后用丝带勒死了白雪公主，七个小矮人拿掉丝带，白雪公主复活了；王后用毒梳子给白雪公主梳头，白雪公主死了，七个小矮人回来拔掉白雪公主头上的毒梳子，白雪公主又复活。《白雪公主》的故事就在这样一个又一个矛盾的产生与解决中演绎着，每一次的矛盾不同，解决的方式也不一样，这样就避免了情节的简单堆砌而显得重复啰唆，自然就特别吸引人了。

再看这篇《齐天小圣闹天宫》，最初齐天小圣用耍金箍棒的手段吓退了天兵，接着用敌来我躲的方式避过二郎神的攻击，趁其不备战败二郎神，然后是"一跳躲过"顺势一顶，打碎了托塔李天王的宝塔，最后和哪吒的战斗，三言两语一笔带过，虽然我们没有看到招式战术，但是通过这寥寥一笔看到了齐天小圣的神通广大。和不同的人物决斗武器不同、战法不同、语言动作也不同，这就是解决矛盾的方法。如果拆开看每一场战斗都可以独立成文，矛盾与矛盾之间似乎没有关联，但又密不可分，这就是情节构思、布局谋篇的作用了。

我们在写故事作文的时候，如果也能像这样巧妙地利用"三"做文章，一波三折地制造矛盾，解决矛盾，再合理地构思故事情节，还用为字数发愁吗？

26. 人物就要"活"起来

 遭遇"马路杀手"

河南省新蔡县河坞乡戚楼小学　吴雨泽

下午，姐姐问我是否可以陪她去拿快递，我爽快地答应了。

去的时候一路绿灯特别顺利，回来的时候可就有点惊心动魄了。首先是一个急刹车，吓得我"魂飞魄散"。然后登场的是超车。姐姐见前面有三轮车就放慢了速度，简直是蜗速行驶。可三轮车一直在我们前面优哉游哉，姐姐有点沉不住气了，她刚想超车的时候左后方突然来了几辆汽车，一直"滴滴"地按着喇叭，吓得姐姐只好放弃计划。终于又等到了一个好机会，姐姐马上加速，可是一辆大卡车风一样地迎面驶来，真是一波未平一波又起。

这辆卡车刚过去姐姐就加快了速度，简直可以和F1拼了。我们很顺利地超过了前面那辆三轮车，姐姐开始向右拐。这场面快要把我吓晕了，速度也太快了吧，比普通的电动车要快出两三倍呢。

更让我担心的是后面传来的"隆隆"声，整个地面都在震动，不用猜就知道是大卡车。随着一阵呼啸大卡车从我们身边冲过去了，姐姐说："安全起见，一定要与大车保持距离。""可是，姐姐你这速度也太慢了吧，公交车紧随其后，你还不加速吗？"我焦急地问。姐姐听后，马上加快了速度。"哎哟，这也太快了吧，一下子从蜗牛的速度蹦到豹子的速度，心脏受不了啊！"我尖叫着。

姐姐看到离学校不远了，立马来一个急刹车，都快把我弹飞了，她倒没事人似的还故作优雅地双脚点地冲我坏笑。我大叫着"马路杀手"从车上跳了下来直奔校园。

唉，看来"马路杀手"的车是坐不得啊！

技法点拨

刚开始接触作文的学生，甚至好多高年级的学生，都是抓耳挠腮，想了半天也写不出来像样的作文，尤其是人物的描写基本都是平铺直叙，缺乏应有的灵动性。究其原因还是观察不到位，对人物的刻画不够生动。下面我就结合吴雨泽的这一篇《遭遇"马路杀手"》来谈一谈如何让作文中的人物"活"起来。

人是有血有肉，有七情六欲的，在写人的故事时一定不能简单地叙述一件事，要通过对人物的各种描写让他动起来，说起来，想起来，而不能让他变成一个不会说话，不会活动的"植物人"。

一、让人物能想

人是有思维的高级动物，看到任何一件事，任何一种现象都会有所想，在写作文时就要把人物的想法写下来，哪怕是灵光一闪的瞬间也要把它定格放大。比如进班看到某个同学眼睛肿了、头上起个大包，我们就一定会想，他究竟在家里发生了什么事？这就是想法，就要写下来。自己的心理活动很容易捕捉，别人的心理怎么写呢？其实很简单，只需要根据他的表情去推测就行了。

比如这篇《遭遇"马路杀手"》中"姐姐见前面有三轮车就放慢了速度，简直是龟速行驶。可三轮车一直在我们前面优哉游哉，姐姐有点沉不住气了，她刚想超车左后方突然来了几辆汽车，一直'滴滴'地按着喇叭，吓

得姐姐只好放弃计划。""姐姐有点沉不住气了""吓得姐姐只好放弃计划"这是对第三人称的心理描写，怎么写别人的心理呢，就是从当时的环境中、从姐姐的表现中去推测的。而"这场面快要把我吓晕了，速度也太快了吧，比普通的电动车要快出两三倍呢"，这一句是自己的心理活动，就可以直接介绍。通过这样的心理描写，人物的形象是不是更加生动形象了呢？

二、让人物会说

我们写作文让人物成为"植物人"的罪魁祸首就是人物不会说话，归根结底还是我们的转述性语言太多，没有给人物机会说话。俗话说："言为心声。"一个人的语言直接透露出他内心真实的想法。我们来看这篇作文中的"姐姐说：'安全起见，一定要与大车保持距离。''可是，姐姐你这速度也太慢了吧，公交车紧随其后，你还不加速吗？'我焦急地问。"从姐姐的语言中，我们看出她之所以不敢超车，是因为前面是大车，紧随其后会有安全隐患，而小作者的语言透露出来的则是嫌姐姐车速太慢，希望姐姐能够加快速度。后面的"哎哟，这也太快了吧，一下子从蜗牛的速度蹦到豹子的速度，心脏受不了啊！"可以看到姐姐加速后，自己又担心害怕，尤其是"我大叫着'马路杀手'从车上跳了下来直奔校园"这一句的画面感更强，惟妙惟肖地把一个惊魂未定、胆战心惊的人物形象刻画了出来。

说话句还要注意提示语的不同位置，不能够单纯地某某说、某某说，可以提示语在前、在后、在中间，这样就可以避免语言表现形式的单一。这一点吴雨泽小朋友做得就比较好。

小学生都比较善于表现自己，说起话来通常都是滔滔不绝的，所以，我们在作文中千万不能够让活泼的小孩子变得沉默。生活中我们如果有意识地去记录人物的说话内容，或者用手机把人物的聊天内容录下来转换成文字，这样坚持下去就能做到有意识地让人物说话了。

三、让人物动起来

不知大家有没有发现，只要人物说话的时候，一定会附带着表情和动作，

我们一定要细细观察，把人物的这些微妙的变化展示出来。比如人在表扬别人时一般都会眉飞色舞，竖起大拇指，在生气时都会怒目圆睁、咬牙切齿，伤心时眉头紧皱、手捂胸口……我们把这些捕捉下来，写进作文里，何愁人物不生动，没有画面感呢？

看这篇作文中的"'可是，姐姐你这速度也太慢了吧，公交车紧随其后，你还不加速吗？'我焦急地问。"作者在说这句话时的表情是焦急的，"我大叫着'马路杀手'从车上跳了下来直奔校园。"在大叫着"马路杀手"的同时有"从车上跳了下来、直奔校园"这一系列的动作，通过这样的动作描写你是否有一种身临其境的感觉呢？还有"她倒没事人似的还故作优雅地双脚点地冲我坏笑"，通过对姐姐的动作描写，让我们看到了一个故意恶作剧的姐姐形象。

相信同学们只要能够做到这几点，一定可以让我们的妙笔生出花来，写出来的人物自然就会栩栩如生了。

27．作文修改五字诀

我是从 2019 年开始带领我的学生玩写作的，到目前我所教的学生先后在全国各地杂志上发表了作文 600 多篇。经常有老师问我作文辅导方面的问题，更多的是对我如何修改作文很感兴趣，下面我就来解答一下老师们的疑惑，同样的对小朋友们也很重要哦！

任何一种行为的背后一定会有相对应的原因，作文也不例外，所以我们在讨论学生作文如何修改之前，先要梳理一下学生习作中常见的问题。结合这几年我在辅导学生写作文的过程中遇到的种种问题，我大致地分为以下几种情况：

1. 题目不当

很多学生能够完整地把一件事情记录下来，也不缺乏细节描写，但是题目总是不尽如人意，不能够很好地为中心服务，或者说是根本没有围绕着主题去命题。俗话说题好文一半，一个好的题目总是能够让人耳目一新，激起读者的阅读欲望。

2. 重复啰唆

重复啰唆是小学生习作最常见的一种病因，由于平时在口语表达中不去注意简洁凝练，一旦养成了习惯，在书面作文中也很难改变。

3. 缺少细节

无论是写物还是写人，都需要细节描写，没有细节描写的作文不可能给读者留下深刻的印象。

4. 套路化严重

这一点可能与部分老师的指导思想有关，现在很多老师为了让学生获

得高分，都会给学生讲各种作文的套路，怎么开头，怎么结尾，包括中间应该几个自然段都规定得死死的，还美其名曰"作文格式"，这样套路化的作文很难有灵性，让人一看就感觉假大空。

5. 无病呻吟

有些学生喜欢在结尾来一段感受，不管什么体裁都会在结尾写上一句话：从这件事情中，我明白了……有些作文可以这样写，但有些作文这样写，纯属画蛇添足、无病呻吟。

6. 瞎编乱造，没有真情实感

很多学生一写作文就开始瞎编乱造，完全没有一点真情实感，让人一看就知道是假的，比如一写人物外貌就是水汪汪的大眼睛，红扑扑的脸蛋，一笑就会露出小酒窝；一写父母的爱要么是冒雨送医院，要么就是冒雨送雨伞……

7. 语序颠倒

这种就是常见的语法错误，也和我们的口语表达有关。很多时候我们在日常生活中这样说，人人都能明白是什么意思，可一旦在书面文字中就不行了。

8. 选材不当

很多时候学生写的作文让我们看不明白是怎么回事，就是因为他的选材不当。举个例子来说，他的题目是"今天玩得真高兴"，是写他们一家人外出旅游的，可他在中间却把因为什么原因很不高兴写得那么具体，这肯定就不合适了。

清楚了学生作文中常见的问题之后，我们就可以对症下药了。其实，这么多年我一直遵循着五个字去修改学生的作文，简称作文修改五字诀：增、换、改、调、删。

所谓增就是加，加一加，有时候是句子残缺，有时候是细节描写，我经常对学生说作文既要会叙述，又要会描写，光会叙述不会描写，刻画一定不够生动形象。描写其实就是细节刻画，很多时候我们老师经常会给学

生的作文批注"注意细节描写"，可每次写作文的时候，学生依然写不出细节描写，其实原因很简单，学生根本不知道什么是细节。那么究竟什么是细节呢？举一个简单的例子来说，"太阳升起来了"这个句子就是叙述，不叫描写，因为它没有细节描写，而"清晨，圆圆的太阳从地平线上缓缓地升起来了"这句话就是描写，因为它有细节描写。

这时候，我们就要引导学生认真读一读自己的习作，增加一些细节描写。比如说写花的要写出花的色形味，写人物的要写出人物的神态、动作、语言、心理等。尤其是写人的作文，很多学生写出来的人物缺少灵动性，把人物都写成了"植物人"，通篇都是转述，根本见不到语言、动作描写。比如一个学生写弟弟吃饭时有这样一个句子，"看着碗里的饭，弟弟的口水流下三千尺"，经过建议学生修改成了这样的句子，"看着碗里的饭，弟弟馋得直流口水，一个劲地围着我转。我刚把饭端上桌弟弟不由分说扑了过去，也顾不得烫了，狼吞虎咽地吃起来。一会儿工夫吃得满头大汗，这时他才觉得烫了。看到弟弟这吃相，就像是饿了几天的饿狼一样，那胃口好得任谁食欲都会被勾起来。最后弟弟连吃了两大碗，才边抚摸着肚子，边舔着嘴唇用胳膊擦汗"。这样一来就把弟弟的吃货形象生动地刻画了出来。

换

换，就是替换，这种情况通常是指题目不当或选材不当，病句修改中的用词不当不在这个范畴之内。前面在归纳学生习作中常见的几种问题时，就归纳出了题目不当和选材不当。很多时候学生的题目不能给人眼睛一亮的感觉，让读者没有阅读的欲望，这时候我们就需要考虑换一个题目了。

有一个学生写的内容是暑假自己为了上篮球班方便，就到县城的姑姑家居住一个多月，回到家时发现好多事物都发生了变化，走之前的玉米苗刚刚出土，如今已经结出了一个个棒子，花草也都变得异常茂盛了，连家里的猫狗都发生了很大的变化。他的题目是"一幅美丽的图画"，尽管文中是对家乡景物变化的描写，但很明显这个题目是不恰当的，容易产生歧义。于是我建议他换一换题目，既要能够围绕主要内容，又要有新意，让人耳目一新。后来他抓住了回家这一主题，改成了"归乡"就比较好了，

因为他的全文都是写久别家乡之后的变化，又体现出了对家乡的热爱之情，另外"归乡"简洁明了，富有诗意。

一个学生写自己星期天只顾疯狂地玩了，忘记写作业，尽管家长一再提醒他先写完作业再玩，可他正玩得兴起，哪里听得进去，周五晚上想着刚解放要好好放松一下，周六想着反正还有周日一天时间，怎么着也不会写不完的，周日上午想着还有一下午时间，下午又想着把正在玩的游戏玩完不会耽误的，结果直到晚上家长让看微信群里老师的提醒才开始着急忙慌地补作业，由于已经八点多了，老师又要求九点必须睡觉，后悔已经来不及了。他的原题是"难过的星期天"，后来在我的建议下，他改成了"早知现在何必当初"，对比一下这两个题目哪个更吸引人呢？

选材也是一篇作文能否成功的关键，有些不能够为中心服务的材料，就好比是漂亮的脸蛋上长了一个疮，让人感觉很不适。昨天一个学生给我发了一篇稿子，题目是"我家的'小火山'"。主要内容是写家里来了个小客人，长得很可爱，性格很火爆，动不动就发脾气，因此称他为"小火山"。他的主要材料有：长相可爱、说话搞笑、喜欢发脾气。从他的题目和主题来看，他想要表达的主要意思是小客人的脾气火爆，那么问题就来了，说话搞笑就成了不恰当的材料了，另外长相可爱也是不恰当的，如果想要保留长相的话，就要围绕着脾气火爆去改变，要让外貌为性格服务，而不能简单地为写外貌而写外貌了。还有一个学生的题目是"老师，我想对您说"，这是一家杂志社的征稿，她在前面写了很多语文老师的优点，表达对老师的感激之情，本来挺不错的，可突然"杀出"了一件数学老师的故事，很明显这件事就要改成语文老师的事例，才能够紧扣题目和主题。

改

改，是改动，是小幅度的变化，和增是有区别的，增有可能是增加一个段落，而改的幅度不宜过大，这就类似于病句修改中的前后矛盾。前后矛盾属于病句修改的专项练习，在作文修改中就不做过多的讲解，我主要讲的是要通过改动句式，让语言表达的形式更加丰富。

我们来看这个句子：

我说："看《长津湖》，时间长，还好看。"妹妹说："不看《长津湖》，看《午夜杀人案》。"小姑说："看喜剧吧！"我听后说："喜剧和鬼片都没有《长津湖》时间长。"妹妹听后说："《长津湖》和喜剧没有鬼片刺激、恐怖。"小姑又说："鬼片和《长津湖》没有喜剧搞笑。"

很明显，这是一组人物对话，但除了××说，再也没有其他的变化。这种句式表达非常单一，枯燥，而对话句的提示语是非常灵活的，我们完全可以通过改动让句子的形式更加丰富，于是，我在不改变内容的情况下，引导着他改成了这样的句式：

我首先说："用脚趾头想都知道看《长津湖》好啊，不仅时间长，而且还好看，就看《长津湖》吧。"妹妹不服气地嚷道："不看《长津湖》，看《午夜杀人案》，恐怖片精彩刺激。"小姑则说："看喜剧吧，幽默！"我听后，立马说："喜剧和恐怖片都没有《长津湖》时间长。"妹妹听后反驳道："《长津湖》和喜剧没有恐怖片刺激。""鬼片和《长津湖》没有喜剧搞笑，人生需要一点笑料。"姑姑也不甘示弱，顿时，屋里乱成了一锅粥。

这样一改动，语言就变得丰富了，另外还有长短句、对仗句，只需要稍加留意，就可以让句子更加富于变化，更加优美而有文气。

 调

调就是通过改变句子的先后顺序，让句子更合乎语法，前后衔接更恰当的一种方式。这个相对来说简单一些，我只举个简单的例子，这种现象是很多学生都会犯的错误，因为这和我们的口头语言习惯有关。"星期天，我在新华书店遇见了许多戚楼小学的学生"，你能看出这个句子的问题所在吗？是的，一般情况下，我们都会说没错啊，我们平时就是这样说的啊！但仔细一分析，就会发现问题所在了，因为戚楼小学只有一个，戚楼小学的学生有很多，但这个句子表达的恰恰是相反的，"许多"放在戚楼小学的前面，就变成了有许多个戚楼小学了。所以这个句子应该把"许多"调换一下位置，变成"星期天，我在街上看见了戚楼小学的许多学生"。想一想，这种现象在我们的口语中是不是经常发生？

删

最后，讲一讲这个"删"字，删，顾名思义就是把重复啰唆的或者是归类不当的词语、句子，甚至是整个材料删去。像前面讲的选材问题，如果所选的材料不能为中心服务，就要把它删掉。

先来看一个句子，"今天上午的时候，管夏北来了，我心中立马有一个大胆的想法，要不让他试试我刚学会的老六打法"，问题就在开始，按照常理你说"上午"，别人就知道你说的是"今天上午"，根本不需要再去加上"今天"，另外，"上午"本身就已经包含了"的时候"，所以句子开头直接改成"上午"两个字就可以了。这个句子就包含了重复和归类的问题。类似的句子还有"我爸爸""我妈妈"……我经常对学生讲，你写作文时，一写"爸爸"别人就知道是你爸爸，没人会和你争，不要再加个"我"。

再看一个句子，"我突发奇想，把小蝎子和大蝎子用手拿到一边，会是什么情景呢"，试问谁不知道"拿"是用手吗？这个句子就属于典型的多此一举。

好多学生在写心理活动的时候，老是习惯写上"我想""我心想"之类的提示语，其实完全没有这个必要，只要你一写出心理活动别人就知道是心里想的了。另外，还有很多学生习惯大量使用"然后""了"，以及关联词，如果把这些词语删除掉，句子会显得更加干净利落，想要表达的意思也完全可以表达清楚。

28. 作文你会选材吗

这几年，我一直在做文学社作文辅导工作。在这几年里，我经常听到学生抱怨作文写不好，老师抱怨作文不好教，究其原因就是不知道该写什么。我每次与学生、老师交流写作话题时，都会问一个相同的问题：你觉得作文最难的是什么？百分之八十的学生回答都是没内容可写，生活太单调。也有老师会说作文技巧问题，但探讨到最后也回到了选材的问题，所以说作文最重要的是写什么，而不是怎么写。

关于技巧的问题，我曾经用过两个比喻，走路和说话。一个小孩子在刚开始学习走路的时候，有人会在旁边说"先迈开哪一条腿，再迈开另一条腿"吗？刚学习说话的时候会有人在旁边说"把嘴巴张开，成多少度角，舌头怎么放，口型什么样"的吗？肯定是没有的。同样的道理，作文也是一样的，作为中国人运用汉语表达自己的意思是一件再正常不过的事情，根本不需要老师或父母在旁边画蛇添足般的指指点点，身边的人每天都在用文字去交流，在这种模仿中，孩子慢慢就会运用自己的母语了。

作文就是我手写我心，用文字进行心灵与心灵、生命与生命的对话，是一种交际的需要，是一种本能的内在需求。情动而辞发，当情感达到一定程度的时候，自然而然地就会运用一些技巧。管建刚老师讲过一个他学生的例子，这个孩子作文一塌糊涂，平时根本不知道什么是反问句、陈述句，可是有一天管老师无意中听到这孩子跟他的妈妈吵架，用的竟然全都是反问句，言辞激烈，把他妈妈说得哑口无言，可事后问他怎么把陈述句变成反问句，一脸蒙。

这些就告诉我们，作文技巧是随着阅历、认知水平、知识经验的不断

丰富慢慢积累起来的，不是一蹴而就的，作文最主要的还是选材问题，我们老师千万不能够本末倒置。那么究竟怎么教会孩子们选材呢？下面我结合这几年作文辅导方面的经验，以及与各位杂志社编辑交流后的感悟，从以下几个方面谈一下自己的看法。

一、选材要新

先举个例子来说，当我们在办公室或者在大街上，第一次看到一个人穿一件你从来没见过的服装时，你一定会感到很新鲜，向她打听在哪里买的，可当你看到满大街的人都在穿这一款衣服时，你大概会感到俗不可耐。为什么同样的衣服，不同的情况下会出现截然不同的感受呢？这就是审美问题，审美也有一定的阈值，当超过了这个数值时就会感到审美疲劳了。十几年前一篇高考作文，因为第一次出现了"两个小人打架"，成了满分作文，现在再出现"两个小人打架"绝对是拉分的原因，同样的写法不同的时间分值差距会如此之大，就是因为阅卷老师产生了审美疲劳。第一次出现让人眼前一亮，有一种新鲜感，多了就会"恶心"了，这就和吃饭是一样的，山珍海味再好吃，吃多了也会感到腻啊！

选材也是一样，一定要新，要别出心裁。我经常和学生讲，当你在选一个材料时一定要想一想，这个内容别人是否写过，如果别人写过了，你有没有把握能够写得比别人精彩，如果没有把握的话千万不要再写了，老生常谈的东西是最令人不痛快的。尤其是投稿，任何一家杂志社的编辑每天的过稿量都是很多的，如果你写的作文不能让编辑老师眼前一亮，基本上就没有选上的可能。

前两年网络热词是××控，我就引导孩子围绕这个话题去写作文，很多孩子写的是"手机控""游戏控"，我指导我儿子写了一篇《爸爸是个微圈控》，让他通过几件小事写我是如何喜欢发朋友圈的，这个选材就新颖一些，第二天就被一家杂志社编辑看上了。

去年网络热词是"卷"，同样我又指导学生针对不同方面的"卷"，写出了一些作文。当然了，"新"不一定非得写网络热词，关键还是要把现实生活中的一些事情写出新意来，毕竟生活才是作文最大的素材宝库。

二、选材要小

这几年，经常会有老师问我一个问题：一让孩子写作文，孩子就会发愁，自己经历的事情都太小了，不值得一提。是啊，生活在和平年代，哪里有什么轰轰烈烈的壮举等着你去做呢。但是这就没有内容可写了吗？最常见的，每年很多杂志社都会以"祖国我为你自豪"为主题，组织十月份的爱国主题专刊，作为一个普普通通的小学生怎样才能够感受到祖国值得自豪的地方呢？大的方面肯定不清楚。这是不是就没办法写了呢？肯定不是的！大的方面写不来，我们可以写小的方面。术业有专攻，航天科技外交那些交给专业人士，我们就从身边可以看到的，和我们的生活息息相关的方面去写，就是很不错的选材。

作文必须要学会以小见大，要知道小的方面都变化了，大的方面肯定会发生变化。比如说，去年一家杂志社以"变化"为主题写中国这些年发生的变化，向全国中小学生征稿。女儿就问我，该从哪些方面体现出祖国的变化呢？我告诉她我们身在农村，整天和土地打交道，你就从最简单的收割麦子的方式来写吧。于是女儿通过询问爷爷、爸爸、身边的人，以及自己亲自观察，写出了"从麦收方式看中国变化"为主题的作文，发表在《时代学习报》。

很多时候，你要想观察到大的动态，必须从最基层做起，因为最基层的地方恰恰是一项大的政策最终的落脚点。

三、选材要熟

如果你问一个小朋友愿意和一个新伙伴做朋友吗？诚实的孩子一定会说不愿意，为什么呢？原因很简单，他根本都不知道这个新伙伴有什么特点、爱好，有什么优点、缺点，你让他如何做出选择呢？

作文也是一样的，一定要写自己熟悉的东西，只有熟悉的才会有话可说，有内容可写。否则写出来的东西一定是假大空，让人一眼就能够看出来。

有一个学生写了一篇《爸爸的鼾声》，我一看就问他："你爸爸打鼾的时候是怎样表现的，声音怎么样？"他一脸蒙，告诉我不知道，我说那

你回去好好观察观察再写吧。为什么我一眼就能够看出他没见过他爸爸打鼾呢？很简单，如果熟悉的话，他一定会清楚爸爸打鼾时的声音，脸部动作，况且他的时间节点前后矛盾，漏洞百出，不能够自圆其说，这就说明这个孩子并不熟悉他爸爸的鼾声，或许只是看过别人这样写了，他也想写，可由于不熟悉，他根本写不出真实的样子。

这就是为什么一些学生的作文发给我之后，我一眼就能够看出是抄袭，是模仿，还是原创了。就拿我儿子来说吧，他所写的作文除了想象作文都是他自己非常熟悉的内容，一写就刹不住车，基本上每一篇作文都能够写八百多字。因为他熟悉，一写起来，这些事情就像放电影一样在他头脑中立刻活跃起来。

所以说，我们在指导学生选材的时候，一定要让他们写自己熟悉的。

四、选材要真

这几年我在作文辅导方面做得小有成绩，很多朋友就会把自己孩子的作文发给我，让我点评一下。很多时候我扫一眼就告诉他们，这篇作文一定是抄袭的，结果我的判断从来没有失误过。很简单，我就是抓一个字——真。毕竟几年的实践，从我手底下经过的稿子不说数以万计，几千篇还是有的，几年级的孩子应该是什么水平，是模仿，是拼凑，是抄袭，还是原创，我一眼就能够看出来。

前天有个孩子给我发了一篇《童年傻事》，是写埋硬币的事，我告诉他"你一定看过这样的作文"，他脸一红承认了。一篇作文究竟是不是真实的，文字里面包含的"情"是最诚实的。作家叶文玲说过，作文离不开借鉴和模仿，但真正能够打动人心的还是呕心沥血的创造。一篇作文你自己都没有动情，又怎么能够打动别人呢？

我经常给老师们举例子，一让写父母的爱，完了，孩子写出来的都是傻妈妈。这种现象语文老师一定非常熟悉：下雨天我忘记带伞了，正愁着没法回去呢，妈妈给我送伞来了，路上妈妈不停地把伞往我这边移，回到家里我身上一点也没有湿，妈妈浑身湿透了，夜里妈妈发烧了。要么就是

半夜里自己发烧了，妈妈一摸很烫，赶紧拿出体温计一量 39 摄氏度，于是妈妈带着自己一脚高一脚低地赶往医院，为了煽情，路上还要再来点雨雪，妈妈还会摔倒。好像只有这样才能够写出妈妈爱自己。试想一下，现实生活中，哪有送伞的时候不知道自己打一把再另外拿一把的妈妈呢？都 39 摄氏度了，有一点生活常识都知道发烧了，再量不是纯属浪费时间吗？更搞笑的是妈妈背着自己还出现自己没淋湿，妈妈浑身湿透了的情况。如此不符合生活逻辑、胡编乱造的作文，自己都感觉可笑，怎么会打动别人呢？

有些伟大的作家，写完一部作品后，自己都哭得稀里哗啦的，那是因为他把自己感动了。要想感动别人首先要感动自己，这就要求学生选材一定要真。

五、选材要准

一位同事给我发了自己孩子的作文，让我指导一下，题目是"爱抽烟的老爸"。我一看全文，只有开头第一句交代了爸爸爱抽烟，其余的内容都是在写妈妈如何整治爸爸抽烟的。我就问这孩子："你给我讲一讲你老爸究竟怎么爱抽烟的吧。"于是他就给我讲了怎么怎么爱法，我又问他：为什么不把这些内容写进去呢？

这就说明一个问题，孩子不会选材，不知道如何围绕主题去选材料。作文不是大杂烩，什么材料都可以放进去乱炖，好的材料可以起到画龙点睛的作用，不好的材料就会画蛇添足，甚至产生副作用。

比如，三年级刚开始接触作文的时候，有些孩子写人物，原本要表达的意思是要赞美这个人乐于助人，可写着写着突然冒出一句"他最大的缺点就是"，接着举了一个事例，完了，这篇作文就废了！本来三年级的作文内容就不长，光这个缺点就写了好多，有用的材料不就所剩无几了吗？

我经常跟孩子们讲，选材不当就好比是一个长得非常好看的小姑娘，可偏偏脸上长了一个毒疮，你说看着难受不？在写作文之前一定要仔细构思一下，你想要表达什么意思，可以通过哪些事例来表现，哪些材料可以要，哪些材料不可以要。可要可不要的要删掉，绝对不能要的，即使内容再好

也必须忍痛割爱，不能因为一个"老鼠屎"祸害了"一锅汤"。

六、选材要广

我们班有一个孩子，刚开始投稿的时候，发了两篇稿子，无论是从内容还是从布局谋篇上看都非常不错，两篇稿子全部被杂志社选上了，我还特意在班级群里说我发现了一颗作文新星。可是当他发第三篇、第四篇的时候，依然是同样的素材，同样的结构，我就告诉他，同样的美食再好吃也不能多吃啊，你能不能跳出这个框架呢？

这是不是像我们熟悉的学生写日记现象？翻来覆去就是起床、吃饭、上学、放学、睡觉。有个孩子只要一写作文就是写弟弟的事，我的助手说："老师啊，我看这个学生除了弟弟还是弟弟，能不能让他换换题材呢，看得我都不想看了！"这就是视野的问题。

作文的选材一定要广。很多老师和家长经常向我抱怨，一让孩子写作文，孩子就说生活太单调了，天天都是两点一线的生活，该写的都写了，哪有那么多素材啊！为此，我专门写了一篇七八千字的文章——《生活处处有作文》，从十二个方面对这一现象进行了详细的讲解，此后这篇文章一直作为我们文学社文集的序言，就是要让孩子知道生活中究竟有没有东西可写。

我经常对孩子们说，只要有一颗敏感的心，万物皆可为文。我儿子从二年级开始发表作文，他的生活要说单调真的再单调不过了，我们一家一年到头都在学校住，但他的作文选材就特别的广，家庭琐事、课堂内外、社会百态、自然万物、想象改编……无所不包，目前我已经给他整理胶装了一本厚厚的文集。

世界上不是缺少美，而是缺少发现美的眼睛，同样的世上不是缺少作文，而是缺少发现作文素材的眼睛，只要教会孩子们选材方法，孩子的世界一定是多姿多彩的。这多姿多彩的世界就是作文取之不尽、用之不竭的巨大宝库。世界上既然没有相同的两片树叶，又怎么可能有重复的故事呢？

第二部分 作文故事
——魔幻森林历险记
(本故事要解决的是作文素材的来源问题)

1. 走进魔幻森林

"不好了，不好了，咱们的帅老师被作文魔幻堡的黑魔王抓走了！"早晨，雨小泽和狄小迪刚走到教室门口，就听见陶小淘在教室里大声嚷嚷。

闻言，雨小泽、狄小迪二人赶紧跑到班里问怎么回事。

教室早已乱成了一锅粥，大家七嘴八舌地议论着刚刚发生的事：早晨，帅老师习惯性地走进班里和大家聊天，可刚从讲台下来，突然一阵猛烈的狂风刮了进来，教室里顿时黑下来，伸手不见五指，紧接着传来一阵狂笑："帅老师，你严重侵犯了我们作文魔幻堡的利益，因为你搞什么'玩乐作文'，现在已经没有人类的小孩到我们作文魔幻堡学习黑魔法了。我奉堡主之命，特来捉拿你。呵呵呵呵,哈哈哈！"一阵可怕的狞笑过后，教室又恢复了正常，可是帅老师已经不在教室了。

胆小的学生此刻正在哭泣，班长谢小翔在努力地维持纪律，劝大家不要害怕，其实他自己也很害怕。

"黑魔使者抓走了帅老师，难道没有留下什么线索吗？"作文天才狄小迪问大家。

"当时教室一片慌乱，谁也没有注意啊！""就是，就是！""我们都被吓死了，哪还敢问呢？"大家七嘴八舌地说起来。

"快看，陶小淘背上是什么在发光？"一个同学突然大喊。

陶小淘莫名其妙地伸手向后背抓去，可什么也没抓到，旁边的小李飞连忙扯下陶小淘背上的东西交给狄小迪，原来是魔幻堡的纸条，只见上面写着："要想救你们的帅老师，必须得由作文天才狄小迪带领'作文三剑客'，通过十二座关口，到达作文魔幻堡顺利完成测试，才可以解救成功，否则帅老师将会被作文魔幻堡施行黑魔法，成为魔幻堡的作文讲师。"

狄小迪把纸条交给雨小泽，雨小泽看完又交给谢小翔，三人你看看我，我看看你，不知道怎么办。

陶小淘急了，扯着嗓门喊道："上面写的是什么啊，你们怎么那种表情？"说罢，从谢小翔手中抢过纸条看了看，"这不说了吗？让狄小迪带领'作文三剑客'去解救帅老师，你们还磨蹭什么啊？虽说我不喜欢写作文，可我也喜欢帅老师，你们要害怕危险，我去！"

"不是我不愿意解救帅老师，可我们不知道作文魔幻堡在什么地方啊，怎么去呢？"狄小迪辩解道。

"就是啊，谁不想把帅老师解救出来啊。""作文三剑客"的雨小泽和谢小翔二人附和道。

"既然黑魔王留下了这张纸条，肯定还会有其他线索的。"陶小淘说道。

"对啊，大家赶紧找一找！"作为班长的谢小翔这时候又变得灵活起来。

"快看，讲桌上！"机灵鬼小李飞兴奋地叫道。

谢小翔跨步到讲台上一看，只见讲桌上赫然立着五瓶魔法药水，旁边又是一张字条：喝下它，进入魔幻森林，开始闯关！

"五瓶？为什么是五瓶？难道有什么特殊意思吗？"大家又议论开了。

"嗨，这还用想吗，一人喝一瓶，五瓶就是只允许我们去五个人呗！"小李飞不愧是机灵鬼，大家都觉得在理。

"只能去五个人，我们三个是黑魔王指定的人，还有两个是谁呢？"谢小翔为难地看着大家。

"我去，我去！"大家又喊了起来。

没办法，最后只能采取最民主的方式——投票。去作文魔幻堡的路上肯定险恶重重，所以大家一致推选捣蛋鬼陶小淘和机灵鬼小李飞跟随"作文三剑客"前去解救帅老师。

作文天才狄小迪带着其他四人依次站在讲台上，神情庄重地看着讲桌上的五瓶魔法水，因为他们将代表全班去和黑魔王斗智斗勇，解救帅老师，能不能成功就看他们五个人的了。

大家把期待和信任的目光投向五人，就连平时以捣蛋淘气著称的陶小淘和小李飞此时都显得那么庄重。

"喝！"狄小迪一声令下，五人拿起瓶子，拔掉塞子，一仰脖，咕咚一口将魔法水喝光了。紧接着，一阵狂风吹来，教室里又是伸手不见五指。

随着一声惊叫，五个人像是被飓风卷起，凌空飞了起来。

"扑通""扑通"五人先后落到了草地上，大家睁眼一看，竟然到了一个完全陌生的地方。周围古木参天，藤蔓错节，四周一眼望不到头。

"快起来！这应该就是魔幻森林了，大家赶紧找一找闯关线索！"谢小翔关键时刻总是很冷静。

大家爬起来，向四周巡视，果然发现不远处空中出现四个大字——"魔幻森林"。

这时，空中传来一种甜美的声音："欢迎你们来到魔幻森林，这里是第一道关口——魅力课堂，把下面的题目解答完毕且回答合理，就可以顺利通关。"话音刚落，就听"刷"的一声，空中出现了一块闪着白光，冒着紫烟的电子黑板，上面写着："课堂有发现：1.一天几节课？都是什么课程？同一个老师的授课方式一样吗？"

"我们每天都有七节课，语文、数学、英语、道德与法治、体育、音乐等等，不可能有重复的课程。"狄小迪不假思索地回答。

"就是啊，每天的课程都不一样，就算是同一个老师上同一篇课文，也有不同的学习任务，授课方式当然不一样了。"雨小泽说道。

"世界上没有相同的两片树叶，自然也不会有相同的两节课，或者相同的授课方式。"谢小翔扶了扶鼻梁上的眼镜，认真地说道。

"就是啊，我那么不喜欢上课都知道，昨天帅老师还在给我们讲如何写人，今天肯定不会讲这一点了，即使讲也是另一种方法。"陶小淘挠挠后脑勺，说道。

"昨天第二节课陶小淘在教室里放了个大臭屁，他今天还可能在第二节放吗？"小李飞冲着陶小淘做鬼脸，气得陶小淘狠狠瞪了他一眼。

只见空中的黑板也点了点头，接着，一阵风铃声，黑板上的字变成了："2.课堂上有哪些作文素材？越多越好。"

一看作文素材，陶小淘赶紧往后躲，情不自禁地把狄小迪推了出去。

"老师讲课的内容、老师怎么讲课的、课堂中的收获、老师同学的变化，这些都可以写进作文中去。"狄小迪不愧是作文天才，关于写作素材，信手拈来，一口气说了四种。

雨小泽接着回答："课堂中发生的趣事。"

"一些小意外也可以写进去。"谢小翔想了想补充道。

"对了，对了，比如说昨天正上着课，陶小淘放了个'响雷'，还悄悄给大家传授放屁秘诀。"机灵鬼小李飞抢道。

"别爆我的料，这事怎么能够写进去呢！"陶小淘从狄小迪背后钻了出来。

"怎么不可以？帅老师说过，意外很重要，越是一些出人意料的事情，越能够吸引读者的注意。相对于小学生作文来说，有意思远比有意义更重要。"狄小迪纠正道。

"那，上一次帅老师讲课时把'疏忽'写成'舒服'能写吗？"陶小淘想了想，红着脸问。

"当然能了！"大家异口同声回答。

"那不是揭老师的短了吗？老师会不会生气呢？如果别人看到了，会不会说不尊敬老师呢？"陶小淘还是不放心。

"怎么会呢？老师又不是神仙，是人都会犯错误。帅老师不是说过吗？要敢于质疑，不能迷信权威。"谢小翔很懂老师。

"那照你这样说，我们几个趁老师不注意，偷偷做鬼脸、传纸条、看课外书、捉小昆虫都能写喽？"

"可以啊！这正能够真实反映课堂状况啊，每个班总是有些同学不好好听课，上课对他们来说就像'受刑'，是一种煎熬，他们趁老师不注意搞个小动作，这很常见，也很正常。"雨小泽开导说。

"是的，在做这些小动作的时候，你又不能光明正大地进行，只能偷偷地，你的心理活动一定会很激烈，如果你能够像雨小泽一样，把心理活动描写得惟妙惟肖，把几秒钟的事情像体育解说员一样写成五六百字，你的作文水平一定能飞速提高。"谢小翔补充说。

"哈哈哈，想不到，我也能有那么多有关课堂作文的素材可写。我一直以为我生活单调，没有写作素材呢，听你们这样一说，回去我就把我们几个好朋友课堂上偷偷进行的秘密写出来。"陶小淘高兴得手舞足蹈。

"回去我先把你上课偷偷睡觉的事写出来，让你嘚瑟。"小李飞见陶小淘滔滔不绝地说起来，就想着打击他一下。

"我才不怕呢，你写我的事，我就写你的事，上次正上课呢，外面有无人机喷洒农药，是谁趁着老师板书跳起来，伸着脖子往窗户外看呢？"看来，陶小淘真的开窍了，一下子又说出了一件好素材。

这时，黑板闪了一道金光，上面的题目又换了："3.每人说一件和课堂有关的事，只说出事件名称即可。"

"我来我来！教室飞来一只鸟！"陶小淘抢先回答，而且他关注的永远都是别人不可能注意到的。"

见陶小淘又出了风头，小李飞那个气啊，狠狠地瞪着陶小淘说："数学课上，陶小淘偷偷塞在女生书包里面的青蛙跳了出来，把女生吓哭了。"

"作文三剑客"依次说出了自己想起的故事，不过他们说的故事都不像陶小淘和小李飞说的那样有意思，毕竟学霸就是学霸嘛。

"恭喜你们顺利过关，进入大门，一直往前走，你们会遇到一些提示，找到第二关。只许直走，不许乱动身边的动植物，否则会受到黑魔法的惩罚。祝你们好运，孩子们！"五人刚回答完题目3，空中又响起了开始的那个甜美的声音。

魔幻森林的大门已经打开，五个人欢呼着向里冲去。

2. 遭遇黑魔法

五个人兴高采烈地向魔幻森林进发，一路上都是郁郁葱葱的高大树木，金色的阳光像利剑一样，穿过枝叶投射到地面上，使得森林的一切都像镀上了一层金，闪闪发光。

踏着被各种小动物踩出来的弯弯曲曲的小路，一路上都是不同的风景，偶尔还可以看到几只小梅花鹿从他们面前跳过。两边盛开着各种各样的小花，上面氤氲着一层层雾气，显得格外神秘，千姿百态的蝴蝶扑闪着多彩的翅膀，在花丛中飞来飞去。

五个人对这里的一切都感到很新鲜，也很好奇。他们边走边欣赏这沿路的风景，似乎忘记了此行的目的，也似乎忘记了这是一座充满着危险的丛林。

"快看，那里有一只发紫光的小白兔！"不知走了多远的路程，突然，陶小淘一声大叫，把大家的目光都吸引到了前方不远处一棵桉树的旁边。那里真的有一只发着紫色雾光的小白兔，此刻正竖立着两只腿跳舞呢。

小伙伴们害怕惊扰了这只小白兔，不约而同地停了下来，屏住呼吸，静静地欣赏着小白兔的舞蹈。毋庸置疑这是一只会魔法的小白兔，否则不可能会像人一样跳舞。

看着看着，陶小淘忍不住走上去抓小白兔。等到狄小迪发现想阻止时，已经来不及了。陶小淘的手刚碰到魔法兔，魔法兔就消失了，紧接着从桉树上伸出两根乌青的藤条，像闪电一样，噼噼啪啪向陶小淘抓去。

很快，两根藤条一圈圈地把陶小淘紧紧捆绑在桉树上，像一堵厚厚的屏障，还不停地冒着黑烟。屏障上面像滚动屏幕一样，来回滚动着一个个

字幕，不过屏障上方正中间"课间生活"四个字虽然也闪着光，却是静止不动的。

"快救我，勒得我喘不上气了！"陶小淘痛苦地叫着。随着陶小淘的喊叫，大家注意到，屏幕越来越长，而陶小淘的身体却越勒越紧。

很明显这是陶小淘忘记了神秘声音的提醒，触碰魔法兔导致中了黑魔法。时间来不及了，再延迟的话，陶小淘就小命不保了。

怎么办？怎么办？大家一筹莫展，解救方法没有任何提示啊！狄小迪、雨小泽和谢小翔急得直跺脚。

"这会不会和我们玩的智力转盘游戏是一样的，只不过这不是转盘，是跳跃的滚动屏，滚动屏上的词条都和作文有关，只要选中一个词条，滚动屏就会停止呢？"小李飞自言自语道。

哎，不管了，死马当作活马医吧。想到这里，小李飞赶紧跑到滚动屏前，伸出食指点了一下滚动的词条。滚动屏立马停止了滚动，与此同时捆绑陶小淘的藤条也不再用力了。

这时大家才注意到，屏幕上定格的是："1. 词语。说出描写课间生活的四字词语，说对两个藤条会自动松一点，说错一个藤条会紧一点。"

果然是作文素材题，不愧是作文魔幻堡，什么都和作文有关。四个小家伙暗暗叹道。

"牛鬼蛇神！"别看小李飞平时爱和陶小淘拌嘴斗气，其实两人关系好着呢，看到好朋友被勒得这样难受，小李飞一心想着赶紧把陶小淘救下来，想都不想就脱口而出一个成语。

"啊！"陶小淘惨叫一声，屏幕又变长了一点，这说明小李飞的回答是错误的。

"啊？"小李飞吓得赶紧躲到雨小泽身后，再也不敢说话了。

"生龙活虎、热闹非凡、争先恐后、热火朝天，形容课间操上同学们活动的场面。"雨小泽一口气说了四个词语。

这时，滚动屏幕果然变短了，绑在树上的陶小淘也不再惨叫了。

"前呼后拥、喋喋不休。"谢小翔刚说完，屏幕又短了一点点。

关键时刻狄小迪却紧张了，脑海里一片空白，什么也想不起来了，急得在那里直跺脚。

"跑来跑去、蹦来蹦去算不算啊？"小李飞见狄小迪着急的样子，颤抖着说道。屏幕既没有变大也没有缩小，说明这样的词语是可有可无的，没有说服力。

那还有什么呢？事关同伴的安危，谁都不敢掉以轻心。

"有了，谈笑风生、喋喋不休，可以形容同学们的说话声。"不愧是班长，关键时刻还能够保持镇定。

"手舞足蹈。"

"无忧无虑。"

"喜上眉梢、神采奕奕、大呼小叫、五花八门、多姿多彩。"不愧是作文天才，冷静下来之后的狄小迪一口气说了五个词语。

"哎呀，勒死我了，现在好些了。"随着一个个词语的说出，屏幕在一点点缩短，陶小淘终于可以说出话了。

这时，屏幕又快速滚动起来，知道了规则，雨小泽迅速点了一下屏幕，这时屏幕上出现的题目是："2.说出课间生活的作文素材，一人说一条并说出自己的看法，规则同1。"

"学校生活丰富多彩，课间暂时离开了老师的视线，大伙儿都变成了真实的自己，打闹玩乐，一切都无拘无束，把这些记录下来就是好素材。"狄小迪就是狄小迪，连思索都不用思索，就说出了一大堆。

随着狄小迪话音落地的还有屏幕的缩短。

"操场上学生的各种课间活动更是丰富多彩，有打乒乓球的、打篮球的，还有跳绳、踢毽子的，这也是课间生活的作文素材。"雨小泽不甘落后，也说了一些。

谢小翔扶了扶眼镜，慢条斯理地说道："你们说的都是操场上的，教室里也同样精彩，有玩跳棋、五子棋、象棋的，还有看书的、写作业的。"

"还有咱们班学生为了争诗词大王，自己举行的诗词大会。"小李飞想到了这一点，连忙帮谢小翔补充。

四个人都说完了，可除了屏幕不断缩短之外，屏幕上面的题目仍然没有变化，这是什么意思呢？大家你看看我，我看看你，都不知道怎么回事。

"嗨！一人说一条，陶小淘当然也在内了，他还没有说呢！"机灵鬼就是机灵鬼，关键时刻还是小李飞反应最快。

"陶小淘，你能说话吗？"大家仰脸望着树上捆绑着的陶小淘问道。

"现在好多了，可以说话。我先想一想啊，你们都知道平时我最怕写作文了。"陶小淘委屈地说。

"哥们儿，你要想继续待在上面就慢慢想啊，我们等得起。"小李飞挪揄着说。

"对了，对了，我曾经看到两个一年级的小弟弟在争吵，说他们不再是朋友了，其中一个让对方还去年送给他的一颗糖，这算不算啊？"陶小淘话音刚落，只见一阵白光闪过，屏幕又快速滚动起来，很明显陶小淘的说法是可以的。

这下不等雨小泽点击屏幕，小李飞又把食指点了上去，屏幕瞬间停止滚动，定格了下来。大家抬头一看，上面显示着："3. 如果以课间生活为主题写一篇作文，你会写什么？只需说出题目，要让读者从题目中看出你写的是什么，规则同1。"

"快乐的'飞花令'。"又是狄小迪第一个抢答。

"帮二胖减肥。"雨小泽接着说。

谢小翔招牌式地扶了扶眼镜："令人震撼的课间操。"

从一看到题目，小李飞就在认真思考，他不仅在想怎样回答，还在想怎么捉弄陶小淘。谢小翔说完了，轮到他了，他就嬉皮笑脸地说道："顽皮陶小淘。"

"'伏地魔'小李飞。因为小李飞特别喜欢搞恶作剧，经常在课间吓唬女生，大家都叫他'伏地魔'。"一听小李飞爆他的料，陶小淘也不甘示弱，立刻揭露了小李飞的"滔天罪行"。

"哎哟，疼死我了！"大家还没有明白过来怎么回事呢，就听到"扑通"一声，伴随着这声音的是陶小淘的喊叫。

大家再一看，屏障似的屏幕和桉树上的藤条都不见了，那只魔法兔对他们扭着屁股，做着鬼脸，蹦蹦跳跳地向森林深处跑去。

3. 遇到食物危机

看到魔法兔一路蹦向远方，消失在森林深处，五个人长长舒了一口气，尤其是陶小淘拍拍屁股爬了起来，不好意思地说："以后我再也不随意触摸这里的东西了，原来这些东西都是有魔法的。"

"知道就好，神秘声音已经提醒我们了，只是我们都很好奇，也在所难免。"谢小翔安慰着陶小淘。

"就是不知道有些人能不能管住自己的手，天生的，没办法。"小李飞向陶小淘翻了一个白眼，阴阳怪气地说。

"啪！"小李飞话音未落，就遭到陶小淘的一拳重击："不服啊！有本事来揍我啊，就喜欢看你看不惯我，又不能奈我何的可怜相。"

"陶小淘——"小李飞向陶小淘扑了过来，陶小淘见状连忙向前方跑去。他们俩就在丛林中追跑起来。

"作文三剑客"看着他俩打闹也不阻止，对于陶小淘和小李飞来说，一会儿不闹绝对不正常，大家也就见怪不怪了。

陶小淘、小李飞在前面追跑着，三剑客在后面慢慢地跟着。就这样一路向前。

越往里走，树木越茂密，开始还能清楚看见透过树缝投射进来的日影、云影，后来连这些光线都看不到了，只能看到森林中一片雾气，以及一些具有魔法的东西散发出来的护身雾气。

不知道走了多久，天色越来越暗，陶小淘和小李飞也停止了打闹，和"作文三剑客"一起慢悠悠地走着。

"你们谁带香肠了？我饿得实在走不动了！"陶小淘弯着腰，捂着肚子询问。

"咱们都是直接从教室来的，哪有人带食物啊？别说香肠，就是狗屎肠都没有！"小李飞说道。

是啊，他们平时都是回家吃饭的，又事发突然，谁也没想到带食物。看天色应该是傍晚了，已经两顿没吃东西，又连着闯了两关，体力、精力都消耗巨大，又是长身体的关键时期，感到饥饿是很正常的事。尤其是陶小淘被黑魔法袭击，被绑在树上那么长时间，紧张害怕，更劳累，再加上他又是一个小胖子。

"再往前走走吧，看能不能找到吃的。作文魔幻堡的人也是人，也需要食物的，这森林里一定有吃的！"雨小泽平时很喜欢看冒险类的书，有着丰富的丛林生活知识。

"就算有咱们也不敢吃啊，万一再有黑魔法我就完了，我可不想再被绑在树上了。"想想刚才发生的事，陶小淘仍心有余悸。

"你放心，一定会有办法的。既然魔幻堡主让我们来解救帅老师，他肯定会有安排，不会让我们饿死的。"狄小迪胸有成竹地说。

谢小翔尽管也饿得受不了了，依然不失风度地向上推了推眼镜，说道："狄小迪说得对，我们再往前走走吧！"

又走了一程，陶小淘累得实在走不了，干脆躺在地上不走了："要走你们走吧，我实在没劲了，没有吃的，有点水也行啊，要知道水是人体不可缺的东西啊！"

"你省省力气起来走路吧，别在那里啰唆了，小心触碰到黑魔法！"小李飞笑嘻嘻地说着。

这一招还真管用，陶小淘立刻像屁股着火了一样，一骨碌爬了起来。

天，已经完全暗了下来，除了森林中散落的具有魔法的动植物身上散发的保护光，什么也看不见了。

五个人也不知道又走了多远，刚开始是陶小淘饿得不愿意走了，后来是小李飞，再后来连狄小迪都走不动了。

五个人相互搀扶着，一步一步向前移动。

"快看，前面有一片亮光！"最先看见的是陶小淘。

"你不会是饿迷糊了，产生幻觉了吧？"小李飞有气无力地说。

"真的有亮光！"雨小泽和谢小翔也高兴地叫着。

"有亮光，一定有人居住，"雨小泽说，"我们赶紧去看看吧！"

五个人看到了希望，也充满了力量，于是加快脚步向亮光处走去。

近了，五个人看清楚了，果然是一座小树屋，屋门是水晶制作的，发出耀眼的白光，上面写着"学校门口的作文课"几个大字。看来这是第三关了。

五人来到门口，发现了第一道题目："学校门口有写作素材吗？"

一看题目，陶小淘和小李飞下意识地往狄小迪身后躲。

狄小迪望了望他们两个，抬头说道："我们每天上学、放学都必须经过一个地方，那就是大门。如果留意的话，学校大门口每时每刻都在上演着一个个精彩的故事，把这些故事写下来不就是作文素材吗？"

"是啊，就拿早晨来说吧，你会看到不同的人进入校园的不同状态，有的一蹦三跳，有的是一步一挨，通过他们的状态可以联想推测他们行动背后的原因。一蹦三跳的可能是家里有喜事，可能是作业全部写完了，也可能是学校有惊喜；一步一挨的可能是起床晚了，挨训了，可能是家里有什么事不想到学校，也可能是作业没写完怕老师批评。这样一联想，是不是很有意思呢？"雨小泽最擅长联想和心理描写了，一说到这些就滔滔不绝。

谢小翔扶了扶眼镜，慢条斯理地说道："我说放学后的情景吧，放学后大家像归巢的鸟儿一样，人在站着排队，心已经飞到了家长的车上，一见到家长就激动得喊了起来，如果没有见到家长就得回到学校，在大门口左右张望，心里一定十分焦急。"

谢小翔说完，门上的题目没有变换，大家就知道是要每人都说一说的，三剑客不约而同把目光转向了陶小淘和小李飞。

陶小淘、小李飞你推我，我推你，最后还是小李飞先说。

"我们学校门口不是一条大马路吗？一到放学就会有很多摆摊的人占满路两边，造成交通拥挤，我们就可以跟着家长在这些摊贩之间转一转，说不定还能买到喜欢的东西呢？"

经小李飞这一提醒，陶小淘赶紧补充："就是就是，有一次我还遇到两个商贩为了争生意，吵了起来呢！"

果然，陶小淘一说完，水晶门上的题目立刻就变了："2. 举出发生在校门口的有意思的事件，三件即可。"

"我先说吧，"谢小翔向前一步，"有一次放学我怎么也找不到奶奶了，一个陌生的阿姨喊我的名字，说是我奶奶让她来接我的。我担心是人贩子，死活不坐她的车，没办法她只好给我奶奶打电话，我才跟着她回去了。事后才知道，她还真是我的亲戚。"说完，又习惯性地扶了扶眼镜。

雨小泽接着说："有一次放学，我们排队排得好好的，突然一个家长上来就抓他的孩子，让他提前离队上车。那个学生很听话，大声喊着'不到地方，老师不让下队，学生要遵守纪律'，气得那个家长骂骂咧咧，又毫无办法，只得跟着队伍走到指定地点才把学生接走。我当时就想，家长是孩子最好的老师，可是家长都不遵守规则，怎么能怪学生呢？"

"你俩鬼点子最多了，有趣的事你们一定知道很多。"狄小迪看着陶小淘和小李飞说。狄小迪很注重理性，缺少幽默细胞，有意思的事太难为他了。

"你说吧！"陶小淘拉了拉小李飞。

"谁饿谁先来，反正我还能撑一会儿。"

"算你狠，我来就我来。"陶小淘气得牙痒，可又没办法，谁让他的肚子不争气呢！"刚开学那一周的一个早晨，我看见一个刚升入一年级的小女孩，到大门口就哭了起来，喊着'妈妈你不要走''你能不能早点来接我'，那种依依不舍的样子真搞笑，好像一进校园就再也回不去了一样。"

狄小迪好像觉得连陶小淘都说了，自己不说的话就对不起作文天才的称号一样，陶小淘一说完，他就赶紧总结道："应该说大门口就像是一台摄像机，时时刻刻记录着我们的生活。除了雨小泽说的不良现象，当然也会有学生之间、家长之间互帮互助的感人事件。其实，大门口就是一个浓缩的小社会，有一次我在大门口看到一位老爷爷在卖几棵甘蔗，一脸沧桑，进而展开联想，想象出老爷爷的生活经历，写出了《甘蔗甜甜》这篇小小说。"

　　大家都以为水晶门还会变换题目呢，谁知狄小迪一说完，水晶门就"哗啦"一声开了。屋里的一切都呈现在大家面前，就像童话世界里的公主城堡，一切都是金碧辉煌的，正中间一张琉璃方桌，闪着耀眼的白光，上面摆满了各种各样的食物。

　　陶小淘一见食物满眼放光，招呼都不打就冲了上去，也不用筷子，伸手抓到什么就往嘴里塞。大家也不顾什么了，也都冲了上去，狼吞虎咽地吃了起来，就连斯文的班长谢小翔也不注意形象了。

　　吃饱喝足后，几个人边打着饱嗝，边揉着肚子。这时神奇的事情发生了，面前的餐桌刷地消失了，接着出现在面前的是五张精致的小床，床上铺着天鹅绒的被褥，看着就想躺上去。

　　五个人各自抢占一张小床，舒舒服服地躺上去，很快就进入了梦乡。

4. 狄小迪失踪了

第二天早晨，太阳已经升起很高很高了，五个小家伙才迷迷糊糊地醒来。看来昨天一天确实是够累的，又接连闯了三道大关。

"啊，舒服，真是太爽了！"陶小淘伸了个懒腰，喊道，"我真想一直在这里待着，不用愁吃，不用愁喝，最主要的是也不用愁写不出作文了。"

"你醒醒吧！你要一直睡在这里，咱们班那么多人怎么办？大家都还等着咱们把帅老师解救回去，好好上课呢！"小李飞拍了拍陶小淘的脸蛋。

"不要随意拍我的脸，不知道本帅哥最讨厌别人拍我的脸啊！"陶小淘嘴里说着，不过一听到解救帅老师，还是麻利地坐了起来。

"摸摸你的脸咋了，谁让你的脸蛋那么Q弹！"小李飞嬉皮笑脸地说着。

陶小淘使劲打了一下小李飞的手，很不满地嘀咕着。

五个人起床洗漱完毕，水晶桌上早已摆满了鲜美可口的早餐。

尽管有些留恋，但五个人吃完早餐，顺便带了点干粮，还是向着森林深处出发了。

"你们说，要是咱们教室里也能够饿了就会出现各种美食该多好啊！"陶小淘永远是不甘寂寞的，没事就爱找个话题，打破安静。

"你可以继续保留想象，最好联想丰富点，把它写进你的作文中，你的作文就不至于那么差了。"这回打击陶小淘的不是小李飞，而是同样活跃的雨小泽。

"打人不打脸，骂人不揭短，你能不能不要老是揭我的伤痛啊？要知道我也是要面子的。"

"不错嘛，有进步啊，还会引用俗语了！话说你要是在作文中这么溜

就不会这么头疼了吧？"小李飞的嘴里永远不会对陶小淘说出好听的话。

"说话和作文不一样，我会说不会写，不行啊？"

刚吃过早饭，大家都显得很有精神，说说笑笑，打打闹闹，倒也不觉得时间漫长。

越往里走，魔幻森林的景色越是奇异。刚开始还只是偶尔看到会魔法的小动物、小植物，这时已经能够看到小精灵在空中来回穿梭。不过这些小精灵不像是童话中的那么悠闲自在，都显得急急忙忙，步履匆匆的。

两边的树木也显得奇形怪状的，有的树从上面的枝干上垂下来一根根触手，像是蛟龙的爪子，这些触手伸到地面，深深地扎进土里，又生长出了新的枝干，密密麻麻一大片。有的树从中间分开，形成了拱门的形状，更奇怪的是，有时候一棵树的树根上面会形成两三扇拱门，简直比人工修筑的还整齐。有的树几个人才能合抱过来，有的却只有手指头那么粗。不管是什么样的树，都是直直地往天空钻，每一种树上都开着不同的花，结着不同的果。

五人尽管对这一切都感到很好奇，但想到陶小淘的遭遇，都只是看看，并不敢伸手去摸一摸。尤其是陶小淘更是心痒难耐，一双小眼睛不停地在周围搜寻着。

"快看，快看！前面一大片闪着蓝光的是什么？"新鲜的东西总是很难逃脱陶小淘的眼睛。

听他这么一喊，大家赶紧向前面跑去。近了，大家看清楚了，原来是一片湖。湖面非常平静，真的像是一面望不到边的镜子，湖水蓝莹莹的，比蓝宝石还要蓝。奇怪的是，湖面上没有一株水草，但湖里却有各种奇怪的鱼在游来游去。湖面上方还有着一层蒙蒙的雾气。

"哇，太美了！比昆明湖还美啊！"狄小迪情不自禁地发出赞叹，忍不住伸手去抓游到面前的小鱼。

"不要——"谢小翔还没喊完，就见一道蓝光划过，狄小迪消失了。

"狄小迪！""狄小迪！""你在哪里？"四个人惊恐地喊了起来。

这时神秘声音又出现了："这是魔心湖，它能够读出人内心的想法。

你们要想救出你们的同伴，就要注视着湖面，魔心湖会把问题传进你们的大脑，你们只需要想出合理的答案，魔心湖就可以读出你们的心理。"

狄小迪不在的话，作文最厉害的就数雨小泽了，于是雨小泽当仁不让地往湖边走了走，两眼注视着湖面。这时候雨小泽的耳畔传来一个细微的声音，但是每一个字都能够很清晰地传到他的耳朵里："很多学生都说自己的生活是两点一线式的，学校—家庭，家庭—学校，但是他们都忘记了每天自己的必经之路——上学的路，你说说，你能够从这条路上找到什么写作素材吧！"

雨小泽闭上眼睛，仔细梳理了一下思路，脑海里就浮现出了一种画面：路两边的风景随着季节的变化、时间的变化，在不停地变换着。春夏秋冬，各有各的韵致，昨天还是一片枯黄，今天就透出青绿，再过几天，桃红柳绿、姹紫嫣红，实在漂亮极了。

雨小泽睁开眼时，谢小翔走了上前，闭上眼睛，听到的也是同样的声音。谢小翔想了一会，头脑中就浮现出了属于他的画面：早晨坐在三轮车上，往窗外看去，路边的田地里三三两两的农民在忙碌着，地头偶尔还会有几个人在闲聊，他们聊的一定是庄稼的长势和前景吧？傍晚回家，依然会看到田地里忙碌的身影，农民可真的不容易啊！

小李飞联想的画面是自己和弟弟在车上玩游戏的情景，陶小淘想到的是和小伙伴们一起打闹的画面。

按照以往的经验，他们都知道测试并没有结束。于是，雨小泽又向前走了一步，两眼注视着湖面。这时刚才的声音又响了："回忆一件上学路上发生的事情。"

雨小泽迅速打开记忆的闸门，努力搜寻着相关的故事，慢慢地画面清晰了：一天，奶奶带着他向学校走去，可不知为什么，走着走着，车子变得颠簸起来，车的速度也明显减慢了，奶奶下去一看，原来是轮胎爆了。这时一个家长带着孩子从他们身边经过，了解到情况就把雨小泽带到学校，还让修车铺的老板去把他们的车修好了。

谢小翔想到的相关故事是：一次爸爸带着他往家赶，正走着走着呢，车

门突然开了，他正想把车门关上，对面疾驰而过一辆大货车，吓得他赶紧坐在车座上，双手紧紧抓住车座子，眼睛都不敢看，"砰"的一声过后，他和爸爸连三轮车一起被甩进了路边的干沟里，车门子躺在路上，而大货车早就呼啸而过了，那真是一次惊险的经历。

陶小淘和小李飞同时想到了一年冬天下大雪，他们几个村的学生一起徒步上学的事情。

这时，他们四个人一起注视着湖面，每个人都听到了神秘的声音，这次的测试题很简单，就是把刚才想到的故事取一个与众不同的名字。

雨小泽取的是"暖流"，谢小翔取的是"真是吓死人"，小李飞和陶小淘虽然事件是同一件，但取的题目却不一样，陶小淘的是"'长征'"，小李飞的是"漫漫飞雪上学路"。

"不错，你们的回答，我很满意。请记住，有风景的地方一定有故事。路程虽短，也阻挡不住生活这个导演，可能是伙伴之间的闹剧，可能是成人之间的磕磕绊绊，也有可能是一幕幕温暖人心的情景剧，这些都是我们的写作素材。"

神秘声音响过，湖面上一道水瀑越升越高，越升越高，当升到有十层楼高的时候，"啪"的一声，水瀑炸开了，一朵巨大的白莲慢慢向湖岸边降落。近了，他们发现，狄小迪像一个小天使一样，站在莲花中间，手里还提着一个透明的篮子大小的鱼缸，里面正是他想抓的那条小鱼。

5. 九条路的选择

陶小淘一看狄小迪手中的鱼缸，心里很不平衡，大声嚷道："这太不公平了，我被黑魔法袭击，绑在树上遭了老大的罪。同样遭受黑魔法，你不仅没受到惩罚，还得到了自己想要的东西。"

"就是啊，你怎么没有受到惩罚呢?""还得到了礼物!"大家都很纳闷，七嘴八舌地问了起来。

狄小迪笑了笑，说："原本他们要把我关在水牢里的，让小鱼小虾咬我。突然抓我的巫师遇到了一个作文难题，我帮他解决了，结果就这样咯。"

"好吧，作文天才就是不一样，到哪里都能碰到狗屎运。"陶小淘小声嘟囔着。

"好了，我们赶紧走吧!路还长着呢，十二道难关，我们才闯了四道。"谢小翔永远都是很理性的。

这时，他们才注意到，魔心湖正中间已经出现了一座水晶桥，拱形的，像魔心湖的湖水一样澄澈碧蓝，很长很长，远远望去就像是一条翡翠色的丝带一样飘向魔心湖的对面。看来这是黑魔师在指引他们往作文魔幻堡的路。

五个人踏上水晶桥，蹦蹦跳跳地向对岸走去。

"哎，狄小迪，给我们讲讲你在魔心湖的事呗，一定很精彩!话说小鱼小虾咬到你没有?"狄小迪没有受到惩罚，陶小淘一直不甘心，就想打听一下事情的经过，趁机了解一下狄小迪的窘迫，以此来达到心理平衡。

"本来我是被魔法章鱼抓到湖底的，他用他那长长的带着腥臭的触手，把我绑在水牢的柱子上……"

"啊!怎么回事?这桥怎么在剧烈晃动，看上去要断裂了!"雨小泽

大叫一声。

　　的确，魔心湖像章鱼的触手一样剧烈地左右摇摆，桥体还在不断下陷。吓得狄小迪连忙闭上嘴，双手紧紧抓住桥栏杆，这才发现桥栏杆黏糊糊的，真像章鱼触手上的黏液。

　　哦，这桥一定是魔法章鱼变幻的，他听到狄小迪在讲他的糗事，很生气，就以此来警告狄小迪。

　　五人都心知肚明了，谁也不说话了。

　　水晶桥又恢复了平静。

　　"哈哈，魔法章鱼还挺爱面子！"小李飞暗暗想道。

　　"谁打我？陶小淘是不是你打我的？"小李飞摸着后脑勺，瞪着眼问陶小淘。

　　"你有病啊，没看到我在你前面吗？我又不会分身术，怎么会跑到你身后打你？"

　　"肯定是你心里有鬼！被魔法章鱼读到了，要知道这可是魔心湖！"雨小泽也帮陶小淘说话了。

　　小李飞吐吐舌头，不说话，因为他的确在腹诽魔法章鱼。

　　谁也不再想心事了，这段长长的水晶桥就显得更长了，耐不住寂寞的他们开始跑了起来，就像有人在暗地里指挥一样，谁也不甘心落在后面。

　　很快，这段长长的魔心湖就被五人跑完了。一到湖岸边，五个人就长长地舒了一口气，再也不怕心事被读出来了。

　　这时，他们才发现，湖这边的景物和那边的完全不一样。那边的所有树木都是一个劲地往上蹿，而这边所有的树木、花草，都向着魔心湖倾斜，有的树很长很长，树干都要斜到水面了。看上去就像一座座拱形桥一样横跨在湖岸边。如果在学校里有这样一片景致，一定是同学们玩捉迷藏的好去处。

　　陶小淘"噌"地一下就想往那些高出地面不多的"拱桥"上爬，被小李飞一把抓住。

　　"你真是好了伤疤忘了疼，皮又痒了是吗？还想被绑在树上吗？"小

李飞一看就知道他想干吗，忍不住提醒他。

陶小淘浑身一哆嗦，赶紧退了回来。

五个人上了岸边，准备继续沿着丛林的小路往前走。

可刚到路上就傻眼了，摆在他们面前的有九条小路。按照神秘声音的提示，他们应该直走才对，可这九条小路没有一条是笔直的，都是从远方向这边倾斜过来的。从他们身边向远处望，一眼望不到头，根本看不出路那边是什么。很明显，这些路也都和这些植物一样，是被魔心湖的引力引过来的。

这可怎么办？童话书中也会出现类似的情景，但一般都是两条路，一条是直的，一条是斜的，可这和他们看的童话书完全不一样啊！这黑魔师真是不按套路出牌。

到底该走哪一条路呢？大家你看看我，我看看你，都表示束手无策。

这可怎么办？不可能被这几条小路阻挡住解救帅老师的脚步吧？

"大家分头找，一定会有提示的，这应该就是第五关。"小李飞不愧是机灵鬼，总是能够第一个给出有效的意见。

经小李飞一提醒，大家赶紧分头行动，在每条路口都仔细寻找线索。

陶小淘趴在地上，一点一点地扒着地上的草丛、石块，生怕漏掉一点蛛丝马迹。

"快看！快看！大家快来看！这里有写字板！"陶小淘激动得大喊。大家连忙往陶小淘身边跑来，果然看到了，一块闪着紫光的石头下面的草丛里放着五块黑色写字板，笔槽里的水晶笔蓝得仿佛要滴出水来。

大家赶紧一人拿一块写字板，把水晶笔取了出来。这时写字板上出现了几行小字：

大自然中的作文课堂

一路走来，你们已经连闯四关，不知道你们有没有发现这一路上的一切景物都在变幻？现在请你们一人写一篇课本中学过的描写大自然的课文，写一写作者写的都是哪里的景物。

一看题目，"作文三剑客"就开始刷刷刷地写了起来，陶小淘和小李

飞则在一边皱着眉头，挠着头想。

谢小翔写的是《秋天的田野》，作者抓住了田野里的高粱、稻田，瓜果蔬菜以及天空飞翔的大雁来写秋天到了，田野里一派丰收的景象。

雨小泽写的是《四季之美》，日本作家清少纳言通过四季不同的特点及代表性的事物，写出了四季各自独特的美。

"萧红的《祖父的园子》，是在困顿之时回忆小时候给自己带来快乐的园子里的一切，来抒发对童年生活的向往，以及对祖父的深切怀念。所以萧红把园子里的一切都赋予了人的灵性，都是自由的，有生命的。"狄小迪的答案很有诗意。

三剑客都写完了，陶小淘和小李飞还在想，急得三人乱跺脚，恨不得抓过写字板替他俩写，但他们不敢这么做。

过了好久，小李飞才写了出来：《火烧云》，作者抓住了天上云的变化来写的。

陶小淘这时也想出来了：《三月桃花水》，作者写的是春水。

总算马马虎虎过关了，大家长长舒了一口气。这时，九条小路已经消失了三条，看来，这些小路是和题目连通的啊。

大家低头看手中的写字板，题目已经变成了："修改下面的病句，并写出理由。"

狄小迪的题目是："金秋时节，放眼望去，田野里的庄稼绿油油的，一眼望不到边，好一派丰收的景象。"

狄小迪连想都没有想，直接在写字板上写着：金秋时节，放眼望去，田野里的庄稼黄澄澄的，一眼望不到边，好一派丰收的景象。金秋时节，田野里即将丰收的时候应该是一片金黄，不可能是绿色。修改理由是不符合实际。

雨小泽的题目是："八月十五的晚上，一弯新月挂在天上，照得大地一片光亮。"

雨小泽不由一乐，想到这出题的真是白痴，谁不知道八月十五的月亮是最圆的啊，怎么可能是一弯新月呢？于是，他拿起水晶笔刷刷，龙飞

凤舞地写上了正确答案，以及理由。

谢小翔看看自己的题目，也笑了：冬天到了，漫天飞舞着雪花，冷得直打哆嗦，小青蛙在荷叶上晒着太阳。

那么冷的天，小青蛙都在洞里冬眠，怎么可能在荷叶上晒太阳呢？冬天也没有荷叶啊？这作文魔幻堡的人真是可笑，难怪没有人类把小孩送来学习作文了。

就连对作文头疼的陶小淘看到题目都咧着嘴直笑："哈哈哈哈，这魔幻堡的人比我还笨，秋天大雁往北飞！我一年级就知道，秋天到了，一群大雁往南飞。"

右边的三条小路也消失了，只剩下了中间的三条小路，看来还有一道题目。五个人连忙看自己手中的写字板："一路走来，你从魔幻森林中找到写作素材了吗？"

陶小淘好像突然开窍了似的，急忙写着：魔心湖的水晶桥太好玩了，还不能让别人说他的糗事。

狄小迪写着：魔心湖太美了，比颐和园里面的昆明湖还要美，湖水碧蓝碧蓝的。我可以写一写魔心湖的美，通过和我们人类的一些景点做对比写出它的独特之美。

雨小泽和谢小翔也都快写完了，他们俩分别写的是一路的风景和趣事，有点像写游记。

小李飞一心想着陶小淘的事情，不用猜都知道他写的是什么内容。

小李飞刚写完，五个人手中的写字板全部消失了，接着消失的就是三条小路两边的两条。只剩下一条小路，笔直地通向密林深处。

6. 救下一只九色鹿

五个人相视一笑，踏上了继续通往作文魔幻堡的路。尽管他们知道这条路上还会有着无数的磨难在等着他们，但班级同学的期望和嘱托让他们充满信心和力量。这一路走来，少年们也知道了作文魔幻堡堡主的关口都是和作文写作有关，只要五人同心协力，还是有信心完成使命的。

小路在魔幻森林中无限地向前延伸，不断地散发着迷蒙的紫光，尽管在森林深处，依然可以清晰地看到，少年们并不担心会迷失方向，因为他们知道，这是一条被施了魔法的路，是作文魔幻堡堡主的使者在暗中指引着他们，只不过不知道什么时候会给他们来个"意外惊喜"。

越走离魔心湖越远了，四周的景物也越来越不受魔心湖的控制，变得肆无忌惮起来。越来越多的热带雨林的树木呈现在五个人面前，高入云天的松树、柏树把太阳的热度阻挡在高空。中间是一些高高的灌木和藤蔓植物，交互缠绕着疯长，或许它们都在拼命地追光生长吧，看得出哪里有光线透过，哪里就是灌木藤蔓的聚集地。许许多多的藤蔓植物就通过小路，继续缠绕着，根本看不到根在哪里，头在哪里，能够看到的就是一些枝枝叶叶在互相攀援。奇怪的是，这些藤蔓虽然穿过小路缠绕，但缠绕得非常整齐，就像是有人专门修剪的一样，这大概就是魔法的力量吧！

灌木藤蔓的下面是绿茵茵的野草、野花，花丛中飞舞着成千上万只漂亮的大蝴蝶。同样的这些野花、野草也不在小路上漫无目的地生长，而是有规律地，每隔十米左右，在藤蔓底部长一行。

这样一来，这条小路就变成了一道天然的绿色长廊。在这么美丽的长廊里行走，别提有多惬意了。

　　绿草地上、灌木丛中，越来越多的小动物在悠然自得地吃着青草，嚼着树叶。在这里看到的都是娇小可爱的动物，根本见不到猛兽的足迹。

　　五个人走在小路上，眼睛不停地向着四周张望，那么多的可爱动物让他们不知道该看哪一个好了。要不是陶小淘和狄小迪的教训还在他们心里刻着，估计他们早就冲到小动物身边了。

　　"你们说帅老师现在到底在什么地方呢？他会不会在遭受着黑魔法的侵袭呢？"陶小淘冷不丁地问了一句，把大家的目光都吸引了回来。

　　"你想什么呢？好事不想，就知道想坏事！"小李飞不满地看了他一眼说。

　　"就是啊，不要因为你写不好作文，就把责任归咎到帅老师身上，想让帅老师受苦。"雨小泽也很生气。

　　"都什么人啊？我只是想帅老师了，就担心帅老师会不会也受罪，真是以小人之心度君子之腹。"陶小淘委屈地撇撇嘴。

　　狄小迪望着他们三个，不紧不慢地说道："以我的第六感判断，这个魔幻森林的作文写作水平不是特别好，所以才会被帅老师端了饭碗，他们一定会想办法从帅老师那里淘点干货，不会对帅老师动粗的。"

　　大家想想也是，毕竟狄小迪都能帮魔法章鱼解决难事，受到奖赏，更何况帅老师呢！要知道他们的作文功底可都是帅老师一点一点指导出来的。

　　"救命，救命啊！呦呦呦——"正在五个人议论的时候，远处传来了呦呦鹿鸣声。

　　小伙伴们循着声音，向远处奔去。近了，才发现灌木丛中有个黑黝黝的大洞，洞口一条碗口粗的金蟒蛇正缠绕在一只梅花鹿的身上，蛇头还在不断地向着小鹿的脖子游走，小鹿被缠得不停地在原地打转，马上就要倒下去了。不用问就可以猜到，肯定是梅花鹿在灌木丛中玩耍，没注意到这有个大洞，就被金蟒蛇袭击了。

　　这可怎么办？大家急得直跺脚，尤其是陶小淘更是感同身受，就在昨天他还在遭受黑魔法的袭击，被藤条绑在树上呢。

　　这时候金蟒蛇开口说话了："把你手中的怪怪鱼给我吃，我就停止前进，

不让九色鹿窒息而亡。"很明显他这是在跟狄小迪说话。

狄小迪看着手中的水晶鱼缸，里面的小鱼正在歪着头望着他呢，好像在说："你会答应他吗？"原来这条小鱼叫怪怪鱼啊，狄小迪也是刚知道。

狄小迪犹豫了，这可是他历经波折得到的奖赏啊，他怎么忍心用它来喂金蟒蛇呢？

金蟒蛇看出了狄小迪的犹豫，伸着脖子，昂着头，吐着长长的三叉芯子往九色鹿脖子处游走。

九色鹿眼角流下了九滴晶莹的泪水，绝望地看着狄小迪。

"狄小迪——"陶小淘求助似的小声喊道，大家也都把目光看向狄小迪。

就在这时，只听"哗啦"一声，水晶鱼缸碎了，怪怪鱼划过一道优美的曲线，跃到了金蟒蛇的头上。金蟒蛇头一扬，芯子一卷把怪怪鱼送进了口中。

"要想让我放过九色鹿，你们需要回答我的两个问题，我是作文魔幻堡的'新闻早间车'栏目的负责人，我最讨厌的就是两耳不闻窗外事，一心只读圣贤书的书呆子。要想让人人都成为家事国事天下事事事关心的公民，就要从小培养，让人们意识到社会生活的重要性。"金蟒蛇滔滔不绝地说着，"我的第一道题目就是：讲一件你身边发生的事，国际大事、鸡毛蒜皮的小事都可以。"

"这个我知道，昨天我刚进班，就发现我们的帅老师被你们作文魔幻堡的黑魔使者抓走了！"陶小淘终于第一个发言了，这种事情对于他来说实在不叫事。

狄小迪朝他竖起了大拇指，说："有进步，好样的！知道 5G 吗？有些国家还没用习惯呢，咱们国家已经准备开启 6G 时代了。2024 年 2 月 3 日，我国成功发射了两颗天地一体低轨试验卫星并将其送入预定轨道。其中有一颗卫星是全世界第一颗 6G 架构验证卫星，这可以说是我国 6G 技术发展的重大成果。目前，我国在 6G 领域的专利技术占了全球的 40.3%，位列世界第一，是全球通信界名副其实的领头羊。6G 的速度是 5G 的 100 倍，达到 100G/秒，例如 2G 一部的影片，在使用 6G 网络的情况下 1 秒就可以下

载 50 部。6G 网络还有一个显著的优势，它以全球卫星为依托，从天上到地下实现信号全覆盖，抗干扰能力也更强。在不久的未来，6G 也会走进千家万户，沉浸式通信、人工智能、虚拟现实（VR）、无人驾驶以及各种专用机器人等都将在 6G 的加持下更深层次地融入百姓的日常生活。

"我对科技感兴趣，我就来讲讲中国航天科技取得的最新成果吧！2024 年 3 月 20 日，海南文昌，搭载探月工程四期鹊桥二号中继星的长征八号遥三运载火箭点火升空，它可以为嫦娥四号、嫦娥六号等任务提供地月间中继通信，迈出了我国探月工程的重要一步。不仅如此，我国拥有自主知识产权的北斗系统也在民用领域取得了新进展。据科技日报 2024 年 4 月 17 日报道，国网信息通信产业集团有限公司获颁北斗导航民用分理服务资质证书，可面向电力行业企业提供统一的北斗导航民用服务。相比卫星通信和光纤通信，北斗系统拥有更精准、更优质、更高效率的服务效果，尤其是在电力输送和地质监测方面，北斗系统能够更及时地反映异常情况。"航天迷雨小泽一聊起航天知识就刹不住车。

谢小翔扶了扶眼镜，说道："我讲件我们一起经历的事吧，前天帅老师带领我们全班到百亩荷塘采风，大家近距离观赏了荷花的别样风景，真切地感受到了'接天莲叶无穷碧，映日荷花别样红'的壮美。"

陶小淘都夺得了头筹，小李飞当然也不会甘拜下风。谢小翔刚说完，小李飞就接着说："前天，我妈跟我说有一个中学生因为没钱上网，就把他邻居家的门撬了，偷完东西还放火烧了邻居家的房子，真是太残忍了。"

"不错，你们讲的都符合我的要求。"金蟒蛇把一半身体从九色鹿身上退了出来，盘在地面上，继续说道，"如果让你们从社会生活中寻找写作素材，你们会从哪里着手呢？"

"可以从国际新闻中寻找写作素材，根据自己听到的新闻事件，结合自己的生活经历，谈一谈自己的感想，就是一篇好作文。"狄小迪生怕再被陶小淘抢了先机似的，金蟒蛇刚说完，他就抢答。

"每天可以收看新闻联播，也可以从智能音箱上收听最新的实时资讯，尤其是智能音箱还可以根据自己的爱好，有选择地收听，再把自己听到的新闻写下来也是好作文。"雨小泽每天都抱着智能音箱睡觉，这下又派上了用场。

谢小翔扶了扶眼镜，慢慢地说道："既然你们都说新闻，我就不和你们争了，我说说身边的小事吧，不管是上街购物，还是社区服务，都是我们笔下的写作素材，关键是我们还要以小见大，能够透过身边的一些小事，看到背后折射出来的深层次的内容，这也是一种洞察力。"

陶小淘和小李飞说的都是邻里之间一些鸡毛蒜皮的小事，不过就像谢小翔说的那样，小事也能做成大文章。

"不错，一个千变万化的社会，肯定会有形形色色的人，千奇百怪的事，'世事洞明皆学问，人情练达即文章'，只要能够留心观察，作文就在社会生活中。恭喜你们顺利通关，祝你们好运。"金蟒蛇刚说完，就见地上一股黄烟升腾起来，飘飘悠悠地飘到了黑洞里，随后"砰"的一声，黑洞的门关上了，灌木藤蔓的枝叶把洞口覆盖得严严实实，好像什么事情都没有发生过。

7. 寻找水源

　　一切恢复了平静，五个人正准备离开之时九色鹿开口说话了："你们带上我吧，说不定我能给你们带来帮助呢。毕竟我从小生活在魔幻森林中。为了报答你们的救命之恩，我想和你们一起走完剩下的路，解救你们的帅老师。"

　　"这样可以吗？"陶小淘望了望狄小迪，问道。

　　"你说呢，谢小翔？"狄小迪又望向谢小翔。

　　谢小翔想了想，说："大家决定。"

　　大家当然都愿意带上九色鹿了，毕竟童话中也只听说过七色鹿，九色鹿还是第一次见。

　　大家这时候才顾得上仔细欣赏九色鹿。这是一只像羊羔一样大小的鹿，身上有九种颜色，斑纹、皮毛各不相同，不用问就知道九色鹿的来历了。全身的皮毛发出不同的光，和童话中的描写大致差不多，四只小短腿儿，齐刷刷地挺立着，支撑着流线型的身体，小小的鼻头，小小的嘴，水汪汪的眼睛像是会说话，头顶一对树杈一样的鹿角高傲地挺立着，再加上一条短尾巴，别提多可爱了。而且这只九色鹿会像人一样说话，交流起来就不会有障碍了。

　　"我可以摸摸你吗？"陶小淘好奇地问，对于可爱的东西，他总是充满好奇，但他知道魔幻森林里的动植物都是拥有黑魔法的，他可不想再遭受黑魔法的袭击。

　　"当然可以了！"九色鹿不假思索地回答，"只要是已经和你们发生过故事的动植物，身上的黑魔法就已经自动消失了，你们可以放心地触摸了。"

听九色鹿这样一说，五个小伙伴不约而同地上去抱着九色鹿，摸耳朵的摸耳朵，摸尾巴的摸尾巴，就连矜持的谢小翔都忍不住摸着九色鹿的鹿角，不停地赞叹着。

玩了一阵之后，他们继续踏上了西行的路。有了九色鹿的陪伴，这一路上热闹了不少。陶小淘和小李飞总是有事没事找九色鹿胡扯一番，打听一下魔幻森林的各种传闻。不过鉴于魔幻堡的规定，并不是所有的问题都是九色鹿可以解答的，比如说帅老师现在在什么地方，过得怎么样。

九色鹿是一个非常合格的向导，总是能够在眼看找不到路的情况下，三钻两爬又找到了新的路。

很快，他们一行就离开了曲曲折折的"长廊小路"，走进了魔幻森林的更深处。慢慢地也看到了山的轮廓。

"我好渴啊，这附近有没有泉水啊？"陶小淘充满期待地看着九色鹿。

陶小淘这一说不要紧，小李飞和雨小泽也感到了口渴，一起望着九色鹿。

"我没记错的话，我们现在看到的那座山叫黑龙山，山里面有个黑龙洞，洞里有个黑龙泉，泉水一年四季不断，甘甜可口，但是守护泉眼的是金蟒蛇的哥哥黑蟒蛇，我们都叫他黑龙大王。他负责作文魔幻堡的旅游事业，最看不惯破坏山林的行为。他的考题一定跟旅游有关，不过他有个很残酷的规定，凡是回答不出来他的问题的过客，他直接张口吃掉。"

"啊？太可怕了！咱们能绕过去吗？这么大的森林里难道就没有其他水源了吗？"一听说回答不出问题会被吃掉，陶小淘吓得都不想过去了。

"除此之外，没有别的水源了，除非——"

"除非什么？"一听有门，陶小淘赶紧追问。

小李飞也很好奇："还有哪里有水源？"

"魔心湖！这里只有魔心湖和黑龙山有水源，但我们现在已经离魔心湖一百多里路了。"九色鹿一脸严肃地回答。

"那么多关口我们都闯过去了，难道要在这座山前止步吗？"雨小泽很不服气地说。

"就是，要想回去，你自己回吧，我们要继续闯一闯，反正早晚都要

闯过这一关，不然我们怎么解救帅老师呢？"狄小迪接着说道。

"是的，而且魔幻堡有规定，外来人员只能够前进，不能够后退，否则就会失去路标的指引，那样你们就更难解救帅老师了。"九色鹿望着陶小淘和小李飞说道。

"好吧，那我们只能硬着头皮闯一闯了。"陶小淘显得心不甘情不愿。

在九色鹿的带领下，他们很快来到了黑龙山脚下。五个人驻足观看，好高的山啊！都快赶上天边的云彩了，山上没有高大的树木，只有茂密的灌木和藤条，山脚下也是一片空地，只有墨绿色的草和各种花。难怪这里并不显得阴暗，倒显得格外明朗。

"沿着最绿的灌木攀爬，翻过这座山，对面那座山的山脚下就是黑龙洞。"九色鹿说完就走在前面带路。

不管多么陡峭光滑的山路，九色鹿总能够左蹦右跳翻过去，五个小伙伴就费劲多了，一不小心还会有滑下去的危险。因此，五个人显得格外小心，紧紧抓住身边的藤条一点一点向上挪动。幸好这里的藤条灌木没有被施黑魔法，不然他们都不知道该怎样过去。

好不容易五个人都爬到了山顶，一个个累得满头大汗。

"啊，累死我了，实在爬不动了，咱们歇歇吧！"陶小淘累得直接躺在了山顶。

"是啊，我们歇歇再走吧！那么高的山实在受不了。"谢小翔也说道。

陶小淘从兜里掏出了从树屋里带过来的食物，一人分一点吃了起来。吃过食物之后力气算是恢复了一点，可是更感觉口渴了，再这样下去非虚脱不可。五个人也不敢再耽搁了，连忙向着山下慢慢地前进。

九色鹿倒没什么，趁着五人休息的时候，在山上悠闲地吃着青草、灌木叶，既挡渴又挡饿。

下山比上山更难走，除了小心滑倒跌下山去，还要忍受膝盖的疼痛。五个人好不容易下了山，连忙向对面的山脚跑。他们已经看到了九色鹿说的黑龙洞，洞口的确很高，估计有十几米，不过只有一米多宽。

刚刚还是黑黢黢的洞口，刹那间一片通明，仔细看去才发现洞壁上镶

嵌着几颗耀眼的夜明珠，这光线就是夜明珠发出来的。不用说，黑龙大王已经知道了他们的到来。

果然，再往洞里走不多远，就看到洞壁上一眼水桶粗的泉眼在不停地涌着水花，泉口盘踞着一条比金蟒蛇略粗一些的黑蟒蛇，正冷冷地看着五个人。

看到泉水，陶小淘使劲咽了咽唾沫，瑟瑟着躲在狄小迪后面。

"我知道你们口渴了，不过要想喝到泉水，得闯过我的关口，规则我想九色鹿已经告诉你们了，我就不再废话了。第一题：自然界中可以写出什么类型的作文。"黑龙大王冷冷地说道。

狄小迪想都不想说道："最简单的就是写景文，把自己看到的景物按照一定的顺序，用上合适的修辞手法和写作方法写下来就可以了。"

黑龙大王闭着眼睛连看都不看他们。

"可以写成游记，按照游览的顺序把在某个地方看到的主要景点介绍出来。"雨小泽补充道。

谢小翔扶了扶眼镜，不紧不慢地说道："当然了，也可以写叙事类的作文，把在旅途中发生的事情围绕一个主题写出来。"

陶小淘、小李飞说的是可以介绍这些地方的人文历史、相关传说。黑龙大王看了他们一眼，并没有说话，陶小淘和小李飞吓得双腿一软瘫坐在地上。幸好黑龙大王并没有理会他们，接着说道："第二题，举出你们刚才说的类型的相关名家名作，最后两个小人就不要回答了！"很显然，黑龙大王对陶小淘和小李飞的回答不太满意，可又找不到不对的理由，干脆就不让他俩再回答了。

陶小淘、小李飞这才长出了一口气，又站了起来。

"老舍的《林海》《济南的冬天》都可以算是经典中的经典了，都是写景的，尤其是《林海》就是他们在采风的时候写的。"狄小迪说得头头是道。

"叶圣陶的《记金华的双龙洞》，陈淼的《桂林山水》都属于游记。"雨小泽回答。

谢小翔再次扶了扶眼镜，说道："黄奕波的《爬天都峰》看题目好像是写游记的，实际上是写事的，并从中告诉读者一个道理。"

"最后一个自由作答题，你们知道哪些景点是因为古代的名人而更加出名的吗？"

"我知道，我知道！"陶小淘一下子变得活跃起来，因为前天上课时帅老师还在给他们讲黄鹤楼的故事呢，"黄鹤楼因为唐代诗人崔颢一首《黄鹤楼》才名扬天下的。"

"你干吗抢我的答案！"小李飞很生气地望着陶小淘，不过他想了一会又说道，"那王之涣的《登鹳雀楼》不也让鹳雀楼更加有名了吗？"

"苏轼的《饮湖上初晴后雨》，杨万里的《晓出净慈寺送林子方》让杭州西湖名满天下。"

"苏轼的'不识庐山真面目，只缘身在此山中'，李白的'日照香炉生紫烟，遥看瀑布挂前川'让庐山吸引了无数人的眼球。"

"欧阳修的《醉翁亭记》，王勃的《滕王阁序》让一代一代人记住了醉翁亭和滕王阁。"

"作文三剑客"依次说出了自己的答案。

"不错，恭喜你们闯关成功，现在你们可以自由喝水了！"黑龙大王语气变得温和了。

"那，那，能不能请您退到一边去，我看着您很害怕，不敢喝水了。"陶小淘不知哪里来的勇气，竟然向黑龙大王提出了要求。

黑龙大王看了看陶小淘，没说话，不过紧接着一股黑烟出现在泉口处，随后就不见了黑龙大王的身影。

"记住，读万卷书不如行万里路，文人因景美而生发诗情，美景因诗名而锦上添花，这种人景合一的绝妙境界是人类的一种向往。徜徉在青山绿水间谁能不心旷神怡、文心跃动呢？那古老的传说无不牵动着我们的心，让我们朝思暮想，心驰神往……当然了，我们行万里路的目的除了欣赏秀美河山，更主要的还要去了解自然景观里面蕴含的人文景观，做一个有品位的小游客。"洞中回荡着黑龙大王的声音，把洞壁上的小石块都震荡了下来。

8. 又见魔法兔

陶小淘五人被黑龙大王的声音震得用手捂住耳朵，过了好久，回音才渐渐消散。

没有了可怕的冰冷目光，陶小淘瞬间来了精神，第一个蹿过去把头伸进泉眼里去喝水。可是任凭他怎么张嘴就是喝不到，反而呛得直咳嗽。没办法，他只好用手捧起来送到嘴里一点点喝起来。

陶小淘这样一来，后面的人就没办法继续喝了，只能等他喝够了，才能走过去喝。

"啊，真是太爽了！我从来没喝过这么甘甜可口的泉水！"陶小淘一副很享受的样子。

"饿时吃糠甜如蜜，饱时吃蜜蜜不甜。赶紧下来让我们喝！"小李飞上来就要拽陶小淘。

"你才吃糠呢，我有东西吃，干吗要吃糠！"陶小淘似乎有点生气。

"唉，没文化真可怕，连这句俗语都不知道，怪不得是作文困难户呢！"雨小泽无可奈何地摇了摇头。

"切，天底下就你有文化，谁不知道啥意思啊，我只不过幽你们一默，没幽默细胞真可怕！"陶小淘摇头晃脑地说着。

"行了，赶紧下来，小心我们群殴你！"小李飞再次警告，陶小淘这才依依不舍地离开了泉眼。

小李飞、雨小泽、狄小迪、谢小翔四个人依次走到泉眼边，用手捧着泉水喝了起来，就连九色鹿也跳上泉眼出口处，伸着舌头舔起来。

你还别说，这泉水真好喝，清凉解渴，还有一种甜津津的后味在舌尖滑过，难怪陶小淘都不愿意下来了。

为了以防万一，陶小淘还从洞里找了两个竹筒接了满满两竹筒水带在身上。

"好了，现在我们可以出发了！"九色鹿提醒道。

众人这才意识到要出发了。

"这个洞可以一直通往对面，过了这个洞就又回到魔幻森林了。"九色鹿显得胸有成竹。

众人跟在九色鹿后面，朝着洞外面走去。洞壁上每隔几十米就镶嵌着一两颗夜明珠，因此在洞里行走一点都不困难。可当他们回头看时，后面却一团漆黑，夜明珠都收起了光亮。不用问，他们心里也知道怎么回事。

曲曲折折，环环绕绕，众人终于走到了黑龙洞的洞口，外面的广阔天地顿时呈现在大家眼前。

"啊，舒服！还是外面爽，先让我呼吸几口新鲜的空气！"陶小淘伸着胳膊，夸张地张大嘴巴，好像几十年没有见过世面一样。

"噫，魔法兔！快看，魔法兔在那里！"小李飞刚伸个懒腰，就惊讶地叫了起来。

"在哪里？在哪里？"大家都跑过来问小李飞。小李飞用手指着前面不远处的一块青石头，大家顺着他手指的方向看去，果然看到了魔法兔正在青石边吃草呢。大概是听到了几个人的嘈杂声，魔法兔抬起头向这边张望，一看到五人立马吐着舌头朝他们做鬼脸。

"哼，这只臭兔子，我一定抓到你，让你好看！"想起因为魔法兔，自己遭受到黑魔法的袭击，陶小淘就气得牙痒痒。陶小淘听九色鹿说过只要是和自己发生过故事的东西，就不再具有黑魔法，所以他才敢口出狂言，想要教训魔法兔。

"来啊，来啊，有本事过来抓我啊！"魔法兔边说还边把屁股对着陶小淘做鄙视的动作。

陶小淘不由分说，拔腿就去追魔法兔。魔法兔一见陶小淘追上来了，好像故意气陶小淘一样，也不急着逃跑。

陶小淘眼看追到魔法兔，伸出双臂向前一扑。就在此时，一道光从地

面闪过，魔法兔消失不见了，陶小淘双手抱住了那块青石头。

大家一看笑得直不起腰来，这时雨小泽注意到陶小淘抱着青石块在闪着青光，还一动一动的，像是在张嘴说话。于是，雨小泽赶紧叫道："陶小淘，快放下石头，看看是怎么回事！"

陶小淘一听赶紧松开手，从地上爬了起来。

大家注意到小青石块变成了大青石，上面平平整整出来一面显示屏，上面写着"天马行空"四个大字，显示屏四周一张一合的果然是青石块的嘴巴。这时，大家已经可以清晰地听到大青石的声音："我们是'奇思妙想组合'，你们每次看到魔法兔，就会有一道关口等着你们去闯，我是青石魔法，我的闯关题是：想象有哪几种？一人回答一次，一次只回答一种，但要具体。"

"我先说，我先说！省得你们把简单的都说出来了，轮到我了，我又想不起来了。"陶小淘想得可真周到，就怕自己回答不出来，"做梦属于想象，日有所思夜有所梦，梦里见到的都是大脑中的想象，但很多时候睡醒了梦中的情景都忘完了。"

见陶小淘先抢最简单的，小李飞也不甘示弱，生怕最后一个轮到他了。陶小淘一说完，小李飞就赶紧抢答："白日梦也算是想象的一种，就比如说陶小淘吧，课堂上你看着他在上课，其实他正在胡思乱想呢！只要是心里想到的我觉得都应该算是想象。"

小李飞刚说完，陶小淘的拳头就上来了，两个人就在旁边闹了起来。

狄小迪看了看雨小泽和谢小翔，意思是说谁先来。雨小泽和谢小翔耸了耸肩膀，一副无所谓的样子，看来他们都成竹在胸了。

"那我就先说了，"狄小迪清了清嗓子说道，"科幻故事都属于想象，但它又比一般的想象高一个层次，它需要有一定的科学基础，或者说是对科学技术的一种创造、假设、构思。"

雨小泽看了看谢小翔，说："我先来吧，推理和自言自语也可以理解为一种想象，所谓推理呢，并不是随随便便的猜测，需要有一定的证据，以及前后的关联性。为什么说自言自语也是一种想象呢，因为自言自语就是心里有了想法，情不自禁地想要表达出来，于是就旁若无人地像是说梦

话一样说了出来。"

谢小翔向上推了推眼镜，一字一句地说道："那我就说联想吧，很多人把想象和联想划分到同一个范畴，其实联想和想象并不是一回事。可以这样说吧，想象包括联想，但联想又不能简单地等同于想象，联想联想，重点在一个'联'字，联就是联系的意思，就是在一定事物的基础上展开的想象，也就是由此及彼的想象。"

"恭喜你们顺利通关，你们可以继续寻找魔法兔了，他会带你们进入下一关。"说罢，大青石消失不见了。

大家四处张望，寻找魔法兔的身影，他肯定就在附近。

"陶小淘，你过来啊，过来抓我啊！"正在大家寻找魔法兔的时候，前面一棵桉树旁边出现了魔法兔的身影。

大家赶紧跑到桉树旁边，抓不抓魔法兔已经不重要了，重要的是寻找闯关线索。大家刚到桉树旁边，一股浓烟升起，魔法兔不见了，那棵桉树冒出了嘴巴，一张一合在说着什么。五个人赶紧站在旁边侧耳倾听着，桉树很清晰地说出题目："如何才能写出好的想象作文？自由作答，一人一条说出三条即可过关。"

刚听完桉树的话，陶小淘和小李飞就高兴得蹦起来，这就预示着他们二人可以不用回答了。看来跟着"作文三剑客"还是有好处的。

雨小泽嘴一撇，充满鄙视地看了两人一眼说："我先来吧。一般来说，想象作文都是叙事类的，都有一定的故事情节，本身想象得就比较丰富离奇，所以我们在写作文的时候，就更要注意结构的安排，让故事更加吸引人。"

"陶小淘，过来啊，过来追我啊！"雨小泽刚说完，就听不远处魔法兔又在挑逗着陶小淘，反正这里也用不着陶小淘回答问题，陶小淘撒腿就向魔法兔追去。

"陶小淘等等我，我陪你一起去！"有热闹，小李飞也不会在这里无聊地等着。

魔法兔一蹦一跳地向前方跑去，陶小淘、小李飞二人就在后面紧紧追

着，很快他们就消失在大家的视线中。

谢小翔本来想阻止的，可想一想也没什么危险，就没有喊出声了，回过头来再次扶了扶眼镜，慢条斯理地说道："既然是想象，就不必在乎符合不符合实际，天马行空地去大胆想象即可。如果是科幻想象就要大胆想象出未来科技的运用，或者想要出现的科技生活。反正是只有想不到的，没有做不到的，想象决定思维，很多伟大的发明都是在想象的基础上诞生的，这就是想象有多宽广，舞台就会有多大。神话故事中出现了千里眼、顺风耳、腾云驾雾的神仙，若干年后世界上就出现了望远镜、电话、飞机、载人飞船。"

"你们两个说得都不错，不过我认为，针对写作文来说，想象还要做到跳出常规思维，也就是不要人云亦云，别人都想过的就不要再去想象了，要想别人想不到的，或者别人没想到的地方，这样的作文才能够吸引人。很多学生写想象作文，都会以'醒来原来是一场梦'结尾，如果我们在写的时候能够跳出这个圈子，以自然而然的形式结尾，或者出人意料的形式结尾，就能够吸引人的阅读兴趣。六年级有篇课文《他们那时候多有趣啊》，就打破了常规的思路，一般人想象都是立足现在想未来，但那篇课文的作者却反其道而行之，站在未来想现在，通过未来和现在的对比，达到了出人意料的效果。"狄小迪一口气说了这么多。

"恭喜你们顺利过关，快去解救你们的同伴吧！"桉树一说完，一道青烟闪过，桉树的嘴巴消失了，变成了一棵正常的树。

三人一听，就知道陶小淘和小李飞遇到麻烦了，连忙喊上九色鹿向前方奔去。

"陶小淘你们在哪里？""小李飞你们在哪里，能听到我们说话吗？"三个人边跑边喊。

"跟我来！"九色鹿边说边向前方奔去。

绕过一棵棵大树，穿过一片片灌木、藤蔓，三人一鹿在林间穿梭、狂奔。

"快救我，我要被勒死了！"听到了陶小淘的声音，三人不用猜都知道陶小淘又被黑魔法袭击，绑在树上了。

循着声音，很快发现在一片茂密的灌木丛中，一棵粗壮的漆树中间正绑着陶小淘，小李飞则在一块石板旁边抓耳挠腮地思考第三道闯关题。越是着急小李飞越是想不出来。

三个人连忙走到小李飞身旁，只见青石板上写着："说出你们学过的和想象有关的课文，属于什么类型的想象。"

哎，这机灵鬼没事时那么机灵，一遇到事情就手足无措了。这么简单的题都想不出来了。

狄小迪张嘴就来："《卖火柴的小女孩》《丑小鸭》都是安徒生的童话，都是通过大胆神奇的想象、曲折离奇的故事情节打动人心的，尤其是《丑小鸭》，用作者的话说就是他的自传，折射着他自己的成长历程。"

"《童年的发现》虽然不能说是想象文章，但他故事中的问题就起始于梦中飞行引发的思考，指引着他不断地去想象，去联想，包括最后被老师惩罚赶出教室了，还在联想着世界上重大的发明与发现，有时候还会面临着受到驱逐和迫害的风险，这里面处处都有想象的影子存在。"雨小泽看了一眼陶小淘有点心疼了，连忙说道。

"《我想》是一首儿童诗，作者通过大胆的想象，站在儿童的视角，写出了孩子的梦想以及可爱，充满着童真童趣。"谢小翔说完又不忘扶了扶眼镜，好像如果不扶就会掉下来似的。

三个人都回答完了，陶小淘身上的藤条只是松了很多，并没有消失，他们就知道陶小淘和小李飞也得回答问题。

"陶小淘赶紧说出咱们学过的想象课文以及体裁你就可以下来了。"雨小泽冲着陶小淘大声喊。

"我再想一想，刚刚能自由活动一下，刚才勒死我了，脑袋都短路了。"

"该你了，"雨小泽抓住小李飞的胳膊，说道，"现在你该清醒了吧？"

"《猴王出世》选自四大名著之一《西游记》，当然也是想象类的了，属于神魔小说。"

"我知道了，《牛郎织女》属于民间故事，也是想象故事。"陶小淘一听小李飞说《猴王出世》，立马就想到了《牛郎织女》。

陶小淘话音刚落，就听"扑通"一声，紧接着就是一声"哎哟！"不用猜，大家都知道怎么回事，情不自禁地哈哈大笑起来。

9. "玉面书生"

"笑什么笑？有什么好笑的？没有一点同情心！"陶小淘拍拍屁股愤愤不平地叫道。

"有瓜不吃是傻瓜，我们又不是傻瓜，都喜欢吃瓜！"雨小泽嬉皮笑脸地说，"哎，话说你怎么又跑到树上了，你很喜欢爬树吗？"

"是啊是啊，你怎么又爬到树上了？"狄小迪和谢小翔也忍不住八卦起来。

"天机不可泄漏！"陶小淘白了他们一眼。

"还不是抓我没抓到，抱着一棵大树了呗！"魔法兔挤眉弄眼地说着。

"真是死性不改！害我担惊受怕。"小李飞不忿地说道。

"走吧，走吧！赶紧出发，看看天黑前能不能找到住宿的地方。"谢小翔很理智地提醒大家。

大家这才注意天色果然不早了，于是连忙准备上路。

"哎，等等我，我也要和你们一起去！"魔法兔着急地喊起来。

"你这害人精，有多远滚多远，跟着你就没好事！"陶小淘生气地冲着魔法兔吼着。

"你不能冤枉好人，要不是你小肚鸡肠，又那么贪心，怎么会倒霉呢？为什么人家都没事，就你有事？"魔法兔显然不服气，连连为自己争辩。

陶小淘被说得哑口无言，只好不再说什么了。就这样他们又多了一个同伴。

一路上，魔法兔总是叽叽喳喳地说个不停，一会儿跳到九色鹿身上，一会儿又蹦到陶小淘肩膀上。很快陶小淘就把过去的不快忘得一干二净，和魔法兔打成了一片。

　　森林里天黑得比平原上早得多，狄小迪看看电话手表才五点多，但是天色已经暗下来了。幸亏从书屋出发时，他们都带了食物，陶小淘又在黑龙洞装了两竹筒水，吃喝还不成问题。关键是得尽快找到栖身所在，好睡一觉。

　　天色越来越暗，先前的小路还有魔法路标指引，现在离魔幻堡越来越近了，再加上有了九色鹿和魔法兔带路，这些路标都消失不见了。森林里只能看到偶尔经过的精灵和被施了魔法的动物行走时发出的亮光，其他都是一团漆黑。不过好在有九色鹿和魔法兔在前面带路，他们总不至于迷路。

　　"再走一段路，就可以到达九天洞，在那里我们可以过夜。"九色鹿边走边介绍。

　　"什么是九天洞？在九重天上吗？"陶小淘摸着怀中的魔法兔的耳朵好奇地问。

　　"不是，九天洞就是九棵树的树洞，因为有'玉面书生'掌管，'玉面书生'就是玉面狐狸，也叫九尾狐，所以就叫九天洞。"九色鹿解释道。

　　魔法兔从陶小淘怀中伸出头，大声说道："九尾狐太狡猾了，尤其喜欢捉弄人，我可不喜欢住他那里。"

　　"可是我们不去他那里住宿的话，方圆几十里找不到其他地方啊！"九色鹿接道。

　　魔法兔不再说话了，事实上确实如此。

　　又走了不知道有多远，九色鹿望着前面说："快到了！看到了吗？前面已经可以看到有九处亮光了。其实只有三个实洞，其他的都是用来迷惑人的。他肯定会为难我们的，不过这是一个关口，他出的题一定是和阅读有关的，因为他负责的是魔幻堡的图书工作，就相当于你们人类的图书馆馆长。"

　　"这个简单，我们在帅老师的带领下，人人都喜欢阅读，每年人均阅读量一百多本呢！"小李飞自豪地说。

　　"但愿如此吧！"九色鹿还是有点担心。

　　说话间，不知不觉已经到了九天洞，借着洞里透出来的光线，大家注

意到，这九个树洞分别散落在不同的地点，中间一个洞显得格外大，也格外亮，其他的洞众星拱月般围绕着大洞排列。按正常推理，中间的洞应该是主洞，"玉面书生"九尾狐应该在那个洞里居住。

五个人不约而同地来到中间的树洞，只见面前有一道透亮的玉石门，里面的陈设清清楚楚呈现在大家面前：石桌石凳石床石椅，生活设施一应俱全。

陶小淘一看到里面有吃的，上前就去用身子推门。

"哎哟，那么硬，根本推不开！"陶小淘惨叫一声。

"哪里来的野孩子，没一点规矩，贸然前来都不知道敲门吗？"周围响起一片尖声尖气的声音，各处还有回音回荡，扰得大家头晕眼花，意乱神迷。

"不好了，这是'玉面书生'的百变魔音，可以扰乱人的心智，大家安静下来，内心要平静，才会不受干扰。"九色鹿大惊失色，大声喊道。

"想要借宿，需要过我的三道关口，否则就算是魔幻堡主来了也不行。"话音一落，只听"丁零零"一阵风铃响，玉石门上两行字闪闪发光：

书本中的作文课

1. 你读过的和书有关的文章有哪些？主要内容是什么？

"还是让我先来吧，万一我想到的被你们说了，我就不知道了。"陶小淘就担心自己知道的被人抢走。

"你说吧！"狄小迪有点同情他。

"我知道的有林海音的《窃读记》，主要讲的是自己没钱买书到书店装作买书借机看书的事情，在她窃读的过程中遇到了尴尬、难堪，也遇到了善待。"

谢小翔扶了扶眼镜，问小李飞："你要不要先来？"

"要要要，我再想一会！"小李飞显得很激动，"想起来了，《走遍天下书为侣》，是美国的什么什么肯写的，主要写的是作者选择一本书带着去旅行的原因，以及自己是如何阅读这本书的。"

"尤安艾肯，这都能忘！"雨小泽不满地说道。

"又没有让说出作者名字，知道内容就行！"

"我要说的是叶文玲的《我的"长生果"》，作者主要讲述的是她的阅读经历，以及阅读给自己带来的收获，每一次收获都举了具体的例子，谈了阅读和写作的方法。"雨小泽说的也是课文。

谢小翔扶了扶眼镜，说："那我就说个课外的吧，《煮书》主要介绍的是读书的方法，并不是把书放锅里煮一煮。书中的意思是说把书读通读透了，就能消化了，这就好比是煮食物，只有煮熟了才可以吸收消化。"

"《没有一艘船能像一本书》是美国作家艾米莉·狄金森的一首哲理诗，这首诗选取了一系列意象，看似平淡无奇，实则蕴含着深意——书籍是最平凡而又最神奇的事物。"狄小迪一出口就能让人感觉到他的阅读量有多惊人。

可狄小迪刚说完，他们面前的水晶门消失了，光线顿时暗了下来。这是怎么回事？大家面面相觑。

"这个是假洞，我们再去找其他的洞吧！"魔法兔似有所悟。

"嗯，狡兔三窟，看来'玉面书生'比你们还狡猾啊！"九色鹿看着魔法兔说。

于是，他们赶紧向其他的洞口跑去。

"快来看，这个洞口有题！"跑到东南方向的小李飞大声招呼着，大家赶紧跑到小李飞身边。同样的水晶门，只是没有刚才那个大，上面有一行闪闪发光的字：

2. 以"读书"为主题，可以写什么内容？

"可以写读后感，把自己读的书的主要内容介绍一下，再结合自己的生活经历写一写读后的感受。"小李飞边拉陶小淘边高声回答，生怕陶小淘再抢了第一。

"啊？真的让你把我想说的抢走了，怎么办？"陶小淘急得直跺脚。过了一会，他一拍脑门，大声说道："可以向别人推荐一本书，我们前不久刚刚还写了一篇作文就是向别人推荐一本书。"

"可以写倡议书，倡议大家读好书、好读书，为全民阅读出一份力。"

雨小泽接着说。

"可以写访谈录，就像《小苗与大树的对话》一样，采访名家，了解他们对读书的看法，以及他们的读书方法，这样对我们的帮助会更大。"谢小翔说完，又扶了扶眼镜。

"我们还可以仿照作家叶文玲的写法，写一写自己的阅读经历、阅读方法，以及阅读给自己带来的好处等。"最后一个回答的是狄小迪。

狄小迪一说完，三个树洞的灯光同时熄灭了，剩下的还有五个树洞，寻找下一题的目标又明确了不少。这样他们可以一人选择一个树洞。

这次最先发现问题的是谢小翔，他选择的是正西方的树洞。水晶门上的问题是：

3. 你的读书方法有哪些？

"阅读的方法有很多种，大体上可以分为四种，基础阅读、检视阅读、分析阅读和主题阅读，不过，我的阅读方法很简单，就是边读边做笔记。"狄小迪第一个发言。

"我会想一想作者想表达什么意思，是如何表达的，目的有没有达到。把这些想法写下来就是很不错的写作素材。"雨小泽接着回答。

谢小翔扶了扶眼镜，说道："我读到一定时候会把书合上，自己猜测一下接下来会发生什么情节，看看和自己的猜测一样不一样，一样了就跳过去，不一样了就看看和我的思路有什么区别。"

陶小淘和小李飞基本上都是随意为之，感觉有意思了就接着看，没意思了就不看了，有时甚至是翻书，也难怪他们那么害怕作文了。

"有人说房子再小也要有藏书，送人礼物不如送人图书。开卷有益，只要是书就有它存在的价值。书籍是最好的美容药，腹有诗书气自华，那种气质是来自骨子里的，不是伪装能够装出来的。希望你们每一个人都能够爱上图书、爱上阅读，你们一定能够受益无穷。"随着四个树洞里的灯光消失的同时，森林中又出现了"玉面书生"九尾狐尖声尖气的声音，"恭喜你们顺利通关，今天我的洞府就归你们了。"

"耶！"五个人兴奋得互相击掌。这时之前灭了的树洞重新亮了起来，

合成了一个整体，面前的洞门大开。

　　五人一兔一鹿，雀跃着向洞里奔去。

10. 九色鹿的"叛变"

　　九座树洞合起来真的宽敞舒适。要知道在外面要想穿过九座树洞，就需要很长时间，在里面就更不用说了。这九座树洞看起来就像是九间独立的房间，实际上却是互相连通的，每一间房间都特别宽敞明亮，又有着不同的隔间，客厅、厨房、卧室一应俱全。房间里的摆设也是应有尽有，更主要的是每一样物品都是那么精美，简直像一件件艺术品。

　　陶小淘和小李飞一进树洞就开始到处乱蹿，恨不得把每一个房间，每一样物品都仔细研究一遍。

　　参观够了，五个人才开始挑选自己的房间，就连九色鹿和魔法兔也各自挑选了一间，就这样还剩下两间呢。今晚九天洞完全属于孩子们了，这是"玉面书生"九尾狐说过的，为了不打扰孩子们的生活，九尾狐早就离开了九天洞，去魔幻堡报告了。

　　最后，大家一致决定在最中间的主洞共进晚餐，当然了，吃的喝的不用操心，只要这边一坐好，那边各种点心、水果都出现在了桌子上。孩子们也早已经习惯了魔幻森林里的魔法世界，不再显得那么大惊小怪。

　　吃饱喝足后，大家各自回到了自己选定的房间洗漱完毕，梦周公去了。

　　一夜无话，大家一觉睡到天光大亮。魔法兔最先起床，接着是谢小翔，尽管是在魔幻森林里，谢小翔也没有忘记自己作为班长的职责，随时提醒大家的行程。

　　魔法兔和谢小翔先后把众人喊醒，吃完早餐，每人又带了一些食物、饮用水就离开了树洞，继续向西行进。

　　越往西走，离作文魔幻堡越近，一路的景色自然也就越来越漂亮，渐

渐出现了小型城堡，森林越来越稀疏了，取而代之的是一行行风景树，小路逐渐变宽，林间小径变成了琉璃地面的马路。马路上出现了南瓜车、萤火灯以及来来往往的小精灵、小巫师。

魔幻森林里的街道，不亚于人类的集市，热闹非凡。魔法兔不是趴在九色鹿的背上，就是蹲在陶小淘的肩头，不用担心走路的问题。九色鹿好像对这里的一切都非常熟悉，跟在五个人后面慢慢地走着。但五个小伙子就不同了，显得对这里的一切都是那么好奇，一会儿望望这边——稀奇，一会儿望望那边——没见过，一切都是陌生的。

来来往往的精灵、巫师们对五个人类并不怎么好奇，各自忙着自己的事情，见到他们也只是礼貌性地打个招呼。五个人想起来了，黑魔使者抓走帅老师时曾说过，因为帅老师的玩乐作文，严重损害了他们的利益，已经没有人类再把孩子送到作文魔幻堡学习写作文了，看来之前他们就经常和人类打交道了，怪不得对他们熟视无睹呢。

尤其是陶小淘和小李飞好想刷刷存在感，却无济于事。

正当大家沉迷于路两边的风景时，突然发现，刚才还热闹的街道竟然一下子冷清了，只看到一座座城堡错落有致地矗立在街道两旁，来往的精灵、巫师们却不见了踪影。一切都没有变，但一切又发生了变化。这究竟是怎么回事，为什么那么多精灵和巫师一刹那间凭空消失了？陶小淘刚想问问九色鹿，却发现九色鹿也不见了。

"不用找了，马上我们就可以见到九色鹿了，不过那时我们已经不再是朋友了，而是对立的双方。不能说是敌人，只能说是对立。"魔法兔一本正经地说。

"怎么回事？难道说九色鹿叛变了？"雨小泽忙问。

"也可以这么说吧，因为九色鹿是负责这个关口的，为了充分了解你们的情况，他故意设下圈套，打入你们的阵地，及时了解你们的情况，设计考题。"魔法兔顿了顿接着说道，"这里是魔幻街，不知情的人是找不到出口的，也就无法到达下一个地点。"

"那我们怎么通过呢？究竟哪里才是正常的道路呢？"小李飞充满好

奇地问，这太不可思议了，只有童话里面的世界才会有这种现象。

"看过《哈利·波特》吗？那里有个九又四分之三站台，是人类通往魔法学院的站台，这里没有九又四分之三站台，但是却有一个四又五分之三路口，刚才的精灵和巫师们就是通过四又五分之三路口通往下一个街道的。但我们要想通过四又五分之三路口需要通过九色鹿的重重考验，否则根本无法穿越魔法门。"魔法兔显然是知道这里的一切，但他不会告诉五人怎么通过魔法门，这是对五人的考验。

"那就分头行动，赶紧找到四又五分之三路口吧！"谢小翔扶了扶眼镜，不紧不慢地说道。于是五人分开行动，寻找四又五分之三路口。

大家找了好长时间，只见到×××路、×××路，就是没有看到四又五分之三路口。没办法，大家只好在路边集合，商量接下来怎么办。

只见陶小淘的眼睛随着狄小迪上下移动，像看怪物一样。

"看什么看？没见过帅哥，还是我长得帅？"狄小迪自恋地问陶小淘。

"四又五分之三！四又五分之三！"陶小淘激动地叫着。

大家赶紧往狄小迪身上看，真的是"四又五分之三"，可路口怎么会在狄小迪身上呢？

"不是路口在狄小迪身上，而是狄小迪正好站在了路口上，你往前后走走就消失了。"魔法兔解释道。

听罢，狄小迪连忙往后退了两步，身上果然没有"四又五分之三"了，可也看不见"四又五分之三"几个数字了。狄小迪又往前走了一步多，伸手向前摸了摸，果然是一堵墙的感觉，随后就听"丁零零"一阵风铃声，紧接着就是一片白光，大家面前出现了一堵水晶墙，九色鹿出现在墙壁中，念念有词。大家仔细一听，原来他说的是："通过和你们的接触，我发现你们虽然很熟悉家庭，但对家庭中出现的习作素材却熟视无睹，我决定就以家庭为主题，考考你们的作文基本功。第一题，你发现你的家庭最近发生了什么变化吗？"

"我的家庭没有什么变化，我看好像一直都是一样。"陶小淘觉得很纳闷，幸好九色鹿和他们有一段友谊，并不计较陶小淘的错误回答，不然

的话陶小淘又该遭受黑魔法的惩罚了。

"怎么可能，世界上没有相同的两片树叶，也不可能存在没有变化的事物，你上一边，最后再说。"雨小泽伸手把陶小淘拉到一边，走向前说道，"尤安艾肯说过一本书就像你的家，即使你住了好多年，每一次都会有不同的发现，这就告诉我们，家是千变万化的，不管你有没有注意到，或许是一个角落里突然结了一张蛛网，或许是你突然发现房间里的灯光变暗了，这些都是蛛丝马迹般的变化。"

"是啊，前天我家新添置了冰箱彩电，昨天我家买了一个王子床，今天又买了电脑，明天说不定还会买汽车，这个谁也说不准，但一定会越变越好的。这也是变化，而且是非常明显的变化，一看就能看出来的。"狄小迪说道。

谢小翔扶了扶眼镜，接着补充道："昨天爸爸和妈妈因为一件鸡毛蒜皮的小事吵得不可开交，今天又变得无话不说，让我们都摸不着头脑。"

小李飞想了想也说道："我妈妈是个购物狂，每天买的东西都不重样，她啊天天不是在拆包裹，就是在取包裹的路上。"

"这也算啊，那我也想到了。前几天我家来客人了，住了两天就走了，有时候我爸剪头发，有时候我妈剪头发，这是不是都是变化啊？"听了大家的回答，陶小淘恍然大悟，原来还真的是一直在变化啊！

"继续往前走，寻找线索，我会在下一站等你们。"九色鹿说完就消失了。街道上又出现了之前的热闹景象。

"我们就跟好这些精灵和巫师们，他们消失的地方一定是路口！"小李飞胸有成竹地说。

"机灵鬼不愧是机灵鬼，你的方法确实可行！"雨小泽对着小李飞竖起大拇指夸赞。

大家紧紧跟着前面的精灵、巫师们行走，果然发现他们突然向一个地方会集，随后就一个接着一个消失了。他们在最后一个精灵消失的地方一摸，真的是一堵墙。和先前一样，九色鹿又出现在墙壁中，对着他们说道："如果让你们以家为主题写作文，你们会写什么呢？"

"我先来，我先来，大佬不要和我争！"陶小淘蹦着把手举得高高的，"我要写发生在家里的事情，比如有一次我生病了，妈妈给我熬可乐姜汤，我只喜欢喝可乐，不喜欢吃姜，为了逃避吃姜，我就和妈妈斗智斗勇，结果还是以失败告终，我知道了姜还是老的辣，目前我还是翻不出妈妈的'五指山'！"

"现在该我了，你们三个也不要和我争！"小李飞抢先站了出来，"有一天我的阿姨带着表弟来了，表弟是个淘气包，一到我家里就开始'大闹天宫'，不是翻抽屉，就是摔我的玩具，连我最心爱的葫芦丝都摔成两半，气得我说也不是，不说也不是。"小李飞一说完就和陶小淘在旁边玩了起来。

"谁先来？"狄小迪望着雨小泽和谢小翔问。

"无所谓，既然你说话了，就你先来吧！"雨小泽回答道。

"那我就取一个点说吧，家庭里面可以写进作文里面的东西实在很多，就拿我们的小房间来说吧，那是我们独立自主的小天地，我们可以写一写房间的布置，在房间里进行的活动，房间给自己带来的乐趣等等。"

"我接着说吧，刚才谢小翔说了家庭成员的矛盾，我们就可以把这些矛盾写进作文里，只需要把事情的起因、经过、结果写出来，最后说一说家庭矛盾给自己和家人带来的影响，不就是很好的作文素材吗？"雨小泽说的也是写事类的。

"你们说的都是事，我就说物吧，我们每家每户都会种花、打理菜园、养鸡鸭鹅猫狗之类的动物，这些也都是我们的写作素材。像沈石溪写的全是动物小说，我们是不是也可以模仿沈石溪写一写我们身边的这些动植物呢？"谢小翔说完又扶了扶眼镜。

有了前两次的经验，五个人很快就找到了下一个路口，这次九色鹿给他们出的题目相对来说比较简单，只需要说出自己写过的一篇发生在家庭里的作文。

"《窗帘和我杠上了》《萌宠洗澡记》《遛龟记》《我的"聋"爸爸》《虐弟要趁早》。"狄小迪一口气说了五篇，都是在杂志上发表过的。

"《"生气"的巴乌》《跟踪奶奶》。"谢小翔也说了两篇自己发表

过的作文。

"好像谁没有发表过作文一样，《姜还是老的辣》《我为粉条狂》《傻狗可乐》。"雨小泽也说了三篇自己发表过的作文。

就连陶小淘和小李飞也都分别说出了一篇自己发表过的作文，看来帅老师的作文辅导的确不一般。

五人回答完毕，九色鹿又回到了他们身边，就像什么都没有发生过一样。大家都知道这是九色鹿职责所在，并没有埋怨。

11. 迷踪沼泽地

　　或许是为了缓和刚刚的尴尬吧，魔法兔从陶小淘的肩膀蹦到了九色鹿的鹿角上，做着鬼脸，不断地逗大家开怀大笑。九色鹿知道魔法兔的用意，也配合着魔法兔讲魔幻森林里的种种趣事。

　　"其实你们两个真的不用不好意思，你们也是职责所在，迫不得已啊！"狄小迪安慰着九色鹿和魔法兔。

　　"就是啊，我回答不出问题你都没有惩罚我，我知道你内心是很不愿意这样做的，我们也真的不计较。"陶小淘嘻嘻地笑着说。

　　"这里离魔幻堡还有多远啊？"离开了魔幻街，尽管道路越来越宽广，但行人却越来越稀少。按理说，越是接近城市中心地段应该越是繁华啊。雨小泽很是想不明白，忍不住就张嘴问了起来。

　　"魔幻堡和你们人类不一样，越接近中心越繁华，虽然这里也是越接近魔幻堡越繁华，但是毕竟魔幻堡是精灵们和巫师们居住的地方，不能够让外界轻易发现，所以在魔幻堡中心附近会有一大片沼泽地带作为掩护。历代堡主继位后会从上任堡主那里学习一种隐形魔法，对魔幻堡施了隐形魔法后，从沼泽地外面往里看除了一望无际的沼泽地，什么也看不见。因此，这片沼泽地就叫迷踪沼泽。"九色鹿耐心地给大家做着讲解，"没有魔幻堡的精灵们带路，外界的人类是无法踏入魔幻堡的。守护迷踪沼泽地的就是作文魔幻堡的黑魔使者，魔幻堡堡主座下有四大黑魔使者，轮流守护这片沼泽地。如果我记得没错的话，今天当值的就是带你们帅老师来魔幻堡的黑魔使者，他是魔幻堡堡主最信任的使者，可以直接执行堡主的权利。"

　　大家津津有味地听着九色鹿的介绍，感到既惊讶又好奇，他们知道将要面临的是一场异常艰难的旅程。陶小淘和小李飞连眼睛都不带眨一眨的，

感觉就像在听恐怖电影一样。他们是学过红军长征途中过草地的故事的，人类的沼泽地尚且危机重重，魔幻森林的沼泽地估计会更加难以跨越，毕竟一切都是被施了魔法的。

五个人都显得心事重重，没想到马上就要到达魔幻堡了，却又将要面临最危险的遭遇。

"那有什么办法可以省去这一关口吗？"谢小翔想到自己肩负的责任，不由得担心起来，"我是说能不能换一条道路通往魔幻堡呢？"

"仅此一条路，魔幻堡四周全部被迷踪沼泽包围着，就是为了保护魔幻堡的。听说你们人类古代城池一周不都是有护城河吗？迷踪沼泽就类似于你们人类的护城河。"看来九色鹿对人类世界了解得还挺多的。

"那你能带我们通过吗？"雨小泽试探着问道。

"不行，一到达迷踪沼泽，我就会被黑魔使者召唤回去，你们就看不见我了。这也是你们必须要闯过的一道难关，否则，你们就再也见不到你们的帅老师了。魔法兔属于魔幻森林的小精灵，他也不熟悉这里的地形，需要借助你们的力量才能到达魔幻城堡。"九色鹿顿了顿说，"你们既然能够顺利闯过十道关口，我相信你们也一定能够闯过这一片迷踪沼泽。"

五人边听九色鹿的介绍，边继续前进，魔法兔躲在陶小淘的怀里，也竖着耳朵听着，他显然对迷踪沼泽也一无所知。

很快，大家发现四周的树木渐渐消失了，水晶琉璃路也没有了，取而代之的是葱绿的野草，根本看不到路在哪里。明明刚才还在前面带路的九色鹿突然之间也不见了，幸亏刚才九色鹿已经交代了，否则他们一定会以为九色鹿又叛变了呢。

九色鹿一消失就预示着他们已经到了迷踪沼泽的边缘，也预示着他们即将面对未知的危机四伏。

"停！我们不能盲目前进，一旦陷入沼泽可是没办法生还的。我们也学过自然科学，沼泽地会越陷越深。"谢小翔挡在众人前面，举手示意大家停下来商量对策。

"我们可以每人找一根树干或者结实的藤条探路啊！这样不就能够知

道虚实了！"陶小淘兴奋地喊着，很为自己的高明感到得意，"九色鹿不是说了，只要一离开魔幻森林，动植物就没有黑魔法了。"

大家一听也觉得有理，连忙举目四望。然而，很快大家都沮丧起来，放眼望去，四周除了草地，还是草地，比沙漠，比草原还要辽阔，别说树了，就连灌木丛都没有。

这可怎么办？大家陷入了忧虑之中，总不能就这样干耗下去啊！路，还是要走的，越耗越没有斗志。

"嗨，我想起来了！"雨小泽一拍脑门，大声喊着，吓得大家一蹦，异口同声问道："你想起什么了？！"

"我在一本书中看到过，沼泽地里的水草越茂密，越绿，说明水分越大。既然精灵、巫师们可以根据地形顺利通过，说明一定有道路，那我们根据水草的颜色的深浅、茂密的程度不就可以找到安全的路了吗？"

"不错，不错，是这个道理！野外探险还是科普书管用啊！"大家又是对雨小泽一顿狂赞。

于是，大家开始仔细搜寻，看哪里的草浅、颜色淡，最终选择一处草地开始起步。

谢小翔不愧是班长，很有担当地走在前面，用右脚一点一点试探着，确定安全了，才迈左脚。

可是这片沼泽少说也有二十多里，照这样下去，就是走上三天三夜也走不完啊！刚开始大家还有耐心，可走了半个多小时发现才走了一二百米。白天还好说，夜晚的话根本没办法分辨草的颜色啊！

走着走着，人群开始躁动了，尤其是陶小淘，显得很激动："不行了，再这样走下去，我非憋出病来不可。路不都是直的吗？我们顺着这条路只管走，就不会有什么问题。"

"可是是路都会有拐弯和路口啊，直走的话怎么判断呢？"谢小翔反驳道。

"最起码要走一段之后才会有拐弯啊！起开，我带路，你就是个胆小鬼！"陶小淘一把把谢小翔拉到后面，自己向前跑了起来。

还真别说，十几分钟就跑了二三里路，关键还很安全。渐渐地大家都放松了警惕，感觉九色鹿太过于夸张了，迷踪沼泽也不过如此，有可能这条路可以直行到达对岸呢。

在草丛中奔跑自有一番情趣，很快几个小家伙都忘记了这是沼泽，变得放纵起来。

"啊！救我！"正当大家跑得开心时，陶小淘的喊叫声让大家的脚步停了下来，小李飞由于收脚不及，直接摔趴在地上。魔法兔也从他肩膀上滚到前面的草地上。

再看陶小淘，此时整个身子陷在了沼泽中，身边的水草也被他情急之下拽掉了，身旁的泥浆还不断咕嘟咕嘟地冒着泡泡。陶小淘哪里经过这种阵势，吓得张开嘴巴哇哇大哭。

他越是紧张，身子越是晃动，也就越陷越深，眼看泥浆就要漫到脖子了。吓得雨小泽大叫道："冷静，不要哭，不要动，泥浆堵住你的嘴就完了！"陶小淘果然不敢再哭了。

这可如何是好，如果不及时想出办法，陶小淘就要没命了。大家急得在原地乱转，身边又没有救援设施。

"哈哈哈，哈哈哈……不自量力的小家伙！还那么自以为是，这回知道迷踪沼泽的厉害了吧！要想解救陶小淘，就要回答我的问题。"正在大家不知所措之际，空中响起了阴森恐怖的声音。

"黑魔使者！这就是黑魔使者！抓走帅老师的时候就是这种声音！"小李飞胆战心惊地说。

"不错，我就是黑魔使者！在你们回答问题的时候，陶小淘 不会继续下陷，不过如果你们回答错了，我会把你们浪费的时间全部补上，到那时你们可就再也看不到你们的陶小淘了！哈哈哈，哈哈哈！"

大家急忙看陶小淘，果然没有继续下陷。

"那就请你赶快出题吧！"经过一道道关口，狄小迪此时显得冷静多了。

"道听途说听说过吧？都说它是一个贬义词，不过，有很多写作素材

可都是道听途说得来的。第一个问题就是讲一个你了解的道听途说的故事，陶小淘就不用回答了。"

事关陶小淘的性命安危，大家显得都很严肃，思考了一会，狄小迪才说道："战国时期，齐国有一个叫艾子的人，有一天他见到一个人告诉他有一家人养了一只鸭子，一天下了一千只蛋，艾子就说这不可能，于是这个人一只鸭子一只鸭子地加，艾子就问他怎么不把鸭蛋减少，这个人就说宁加不减。艾子又问他说的这只鸭子是谁家的，这个人说街上听到的。"

雨小泽赶紧说："从前有一家人打了一口井，从此吃水就方便了，节约了一个劳力。这话一传十十传百，最后变成了这家人打井时挖出了一个人。"

谢小翔扶了扶眼镜，依然慢悠悠地说："清代文学家蒲松龄的《聊斋志异》的素材都是他道听途说得来的，他不是开了个茶馆吗，为了积累写作素材，免费供应茶水，报酬就是讲一个鬼怪故事。这不就是道听途说吗？"

小李飞急得直挠头，想了好久才说道："有一次我去上书法课，去得比较早，路上也没见书法老师路过，我就以为书法老师还没有到教室，就在楼下等。后来的同学见到我在等就问我，我就想当然地告诉他们书法老师没有来，结果一传十十传百，大家都陪着我在楼下等。直到快上课了，书法老师从楼上下来看怎么回事，我们才知道他早就在教室准备了。我们书法班的同学是不是也属于道听途说呢？"

"不错，恭喜你们顺利通关，记住走迷踪沼泽的口诀是：往前走，莫回头，十步十步又十步，转身向右走，草深一米处停步莫再走。"话音一落，就听哗啦一声，陶小淘从沼泽里被甩到了大家面前。

"哎呀，终于舒服了！为什么受伤的总是我呢？"陶小淘激动得流着泪说。

"逞能的人是没有好下场的！"小李飞见好朋友脱离了危险，又见他一身泥泞，忍不住又逗弄起来。

"好了，好了，大家赶紧走吧！"谢小翔扶了扶眼镜提醒道，"等过了迷踪沼泽陶小淘再找水洗洗吧！"

大家牢牢记住黑魔使者的口诀，十步十步地数着，每次数够三十步，就向右转。虽说没有之前跑得快，但比起一步一步试探快多了。不过这下陶小淘算是长记性了，再也不抢在前面了，这样即使他不记步数，跟在大家后面也是很安全的。小李飞呢，自然是跟陶小淘同一战线，两人在后面边走边玩了起来。话说这陶小淘的心态够好的，刚刚经历了一场生死考验，现在又活蹦乱跳了，魔法兔一会蹦到陶小淘的肩膀，一会蹦到小李飞的肩膀。

就这样，谢小翔领着大家又走了一个小时左右吧，突然遇到了一处很高的草地，大约到五人胸口。

"停！"谢小翔手一挥，"草深一米处，停步莫再走，这里一定有故事！"

大家也记起了黑魔使者的话，情不自禁地都停下了脚步。

"哈哈哈，哈哈哈哈哈！"空中又响起了黑魔使者的可怕声音，不过大家已经听过他的声音了，倒也不觉得可怕了。"不错，你们很遵守规则，遵守规则是对的，现在到了第二个考题的时间了。听清楚了：如果让你们写一篇有关道听途说的作文，你们打算写什么？陶小淘这次可不能幸免啊！"

"谣言不可传，耳听为虚眼见为实，当我们听到一件事情的时候，一定要弄清楚事情的真相，不能以讹传讹，发布传播谣言会构成诽谤罪都已经纳入法律法规了。"狄小迪毫不犹豫地说道。

"我曾经遇到过一件事，冬至那天我们有个同学跟我说，学校餐厅要吃水饺，因为他妹妹在幼儿园就是吃水饺。我就想既然要吃水饺是不是要买很多肉做馅呢，就向我堂妹打听学校有没有从她家买肉，结果还真买了。看来是真的，可后来我又一想，学校那么多人包饺子得包多久啊，餐厅人手不够，不太可能，最后果然没有吃到水饺。"雨小泽回答道。

"上一题小李飞提到了他自己经历的事……""不要说我的，这是我的素材！"谢小翔刚提到小李飞的事例，就被小李飞打断了。

"好，那你先说吧！"谢小翔很大度地说。

"我就写我那次上书法班的事，题目我都想好了——'三人成虎'。"小李飞狡黠地看着谢小翔。

"可以，那我就说帅老师给我们玩的传话游戏吧，本来一句很简单的话，传到最后却变得面目全非，这既可以当游戏作文，也可以当道听途说的素材来写。"说完谢小翔又扶了扶眼镜。

"我想起来了，上次小李飞跟我说雨小泽说我坏话了，让我不要和他玩了，现在想想我应该向雨小泽求证一下，不能只听小李飞一面之词。""小李飞——我什么时候说陶小淘的坏话了！"陶小淘还没说完，雨小泽就向小李飞投去了"万把钢刀"。

"往前走，莫回头，十步十步又十步，转身向左走，平地要停留。"黑魔使者留下口诀，四周又恢复了平静。

有了刚才的经验，大家很快就到了一片平地处，再有二三里就到沼泽尽头了。

"很高兴又遇到你们，通过这一关，我就可以直接送你们到达魔幻堡城门口。第三关的题是：你们会在哪里收集听到的故事？"

"这个简单！我最喜欢听同学讲故事了！"小李飞终于抢到了第一，"尤其是听陶小淘吹牛皮。"

"你才吹牛皮呢！不知道是谁经常给我讲他那七大姑八大姨的陈年糗事呢，结果又老被打脸。"陶小淘这叫以牙还牙。

"我最喜欢到公园里，边散步，边欣赏风景，还可以留意听一些奇闻逸事。"雨小泽说道。

"我嘛，还是比较喜欢到村子里人口聚集的地方，尤其是一些大妈大婶奶奶们，她们总是张家长李家短地唠着，很多都是杜撰的。"谢小翔扶了扶眼镜。

"现在很流行一种综艺节目，就是脱口秀，演员们讲的故事，很多就是一些道听途说。"

狄小迪刚说完，一股浓浓的黑烟升腾在他们周围，接着他们像腾云驾雾一般腾空而上，吓得五人赶紧闭上眼睛。

12. 最后的辩论赛

等五人睁开眼时，他们已经来到了一座高大的城池面前。这是一座典型的童话城堡风格的城池，城墙上是各个童话故事中的情节图，奇妙的是图画中的人物可以走来走去，互相串门，一会儿丑小鸭跟随着白雪公主，一会儿七只小羊围在灰姑娘身边。不用猜，这一定是被施了魔法的。

城楼是由四个拱形的宽阔洞口组成，每个洞口都有两扇童话故事主人公把守的门，人一往里走两位主人公就会屈膝行礼，笑盈盈地说着："欢迎光临作文魔幻堡，祝您写作愉快！"人一出来，他们就会说："欢迎下次再来，愿您写作收获满满！"城楼的二楼是由十二间房屋大小的楼阁连接而成的，阁楼外面雕梁画栋，金碧辉煌，显得特别壮美。每三间分别对应着下面的一个拱门，分别由四个精灵、巫师把守。阁楼往上慢慢围成一个圆形，顶端是星星形状的信号塔，用来收集外来星球的信息。"作文魔幻堡"五个大字镶嵌在阁楼的正中间，闪着耀眼的金光。

转过头来再往后看，哪里还有什么沼泽，分明是一栋栋圆形尖顶的堡垒建筑，宽敞洁净的琉璃街道，比魔幻街不知道要宽敞多少倍呢！街道上南瓜车、面包车、茶树魔椅等，来来往往，穿梭不息，堪比人间最热闹的步行街。

五个人边看边赞叹着："哇，好美啊！"随着人流，五个人从最左边一个拱形门向魔幻堡走去。

"快看！九色鹿！"陶小淘一路欣赏着两边的建筑、风景，刚进城门就看到了九色鹿站在对面。

大家顺着陶小淘手指的方向看去，还真是的，九色鹿正在对面向着城门张望呢。此时他也听到了陶小淘的喊叫，一蹦一跳地跑了过来。

"欢迎你们来到作文魔幻堡，我已经在此恭候多时了！现在我先带你们去百香阁洗洗澡，换身干净衣服吧。尤其是陶小淘，听说陷进迷踪沼泽，差点没出来，身上该发臭了吧？"九色鹿不问大家还没感觉，这一问大家果然闻到了一股熏天的臭味。伙伴们嫌弃地四散开来，边跑还边捂着鼻子，怪不得刚才在城门口，精灵、巫师们一个个望着他们龇牙咧嘴呢！

陶小淘眼疾手快，一手抓住小李飞，一手抓住雨小泽，使劲地把两人往自己身上靠拢："好哥们就要有福同享，有难同当，独臭臭不如众臭臭嘛！"

二人同时挣扎着喊叫。

"嘘——"雨小泽神秘地指了指狄小迪和谢小翔，三人悄悄扑向狄小迪和谢小翔，就连九色鹿和魔法兔也未能幸免。

打闹够了，九色鹿带着大家弯弯绕绕，来到一座富丽堂皇的城堡面前，与守门精灵打过招呼，直接来到了百香阁。百香阁是魔幻堡的皇家浴室，里面早已有精灵们为大家准备好的衣服，正闪着耀眼的光芒等着他们呢。

百香阁有九百九十九个小隔间，每个隔间的浴缸里面放的都是不同的香料。五人一鹿一兔各自找了一个自己喜欢的味道的隔间，舒舒服服地洗了起来。

洗刷完毕后，九色鹿又带着他们来到了十人厅，这里是招待最尊贵的客人的餐厅，里面都是堡主的厨师亲自做的糕点。无论是味道还是形状都是外面见识不到的。

大家边吃着点心，九色鹿边向大家介绍接下来的安排："吃完饭休息一会之后，堡主会在万人厅组织一场作文辩论赛，正反方临时抽签决定，如果你们赢了，堡主将会把你们，当然也包括你们的帅老师隆重地送回人间，如果你们输了，就要在魔幻堡做小精灵，当苦力。"

"啊？还有啊！"陶小淘一听辩论，到嘴的奶油面包也不吃了，"我还以为来到城堡，我们就可以直接把帅老师接回去了呢。"

"怕什么！那么多关我们都闯过了，还怕辩论赛吗？再说了你和小李飞平时不是最爱争论吗？"雨小泽不屑地说，"三国时期，诸葛亮独自一

人到东吴舌战群儒，都能够应付自如，何况我们是五个人呢！今天我们就做一回诸葛亮，体验一把舌战群儒的感觉！"雨小泽显得有点小激动。

"就是，就是！我才不怕呢，凭我小李飞的三寸不烂之舌一定能够辩出世界，辩出魔幻堡，辩向全宇宙。"小李飞一想到辩论就手舞足蹈起来。

很快大家都吃饱喝足了，稍稍休息一会，九色鹿就带着他们来到了万人厅。万人厅果然名不虚传啊，五个人都没去过人民大会堂，但估计人民大会堂是中国最大的会议厅了，这个万人厅应该和人民大会堂有得一拼吧。

整个万人厅灯火通明，四周墙壁上，中间柱子上，上面厅顶上每隔一段距离镶嵌着最顶级的夜明珠，大厅里一排排椅子呈圆形阶梯状排列，上面坐满了来自作文魔幻堡各个地方的小精灵们。大厅里面半空中有小巫师们飞来飞去，及时为小精灵们服务。

正中间的半空中有个"U"形主席台，主席台的设计很奇特，不管从哪个角度望去都是正对自己的，而且是和自己的视线平行的，这样的设计估计只有魔法世界才能实现。

五个人刚进大厅，就像被一阵风吹过一样，飘飘悠悠飘到了主席台坐下。这时一阵仙乐响起，刚才还闹糟糟的大厅瞬间安静下来。

"各位来自魔幻世界各地的小精灵们！众所周知，自从人类有个帅老师开创了玩乐作文之后，我们魔幻世界的生意一落千丈，现在基本没有人类的小孩子来我们魔幻堡学习写作文了。为此呢，我特意派黑魔使者把他们的帅老师带到了魔幻堡，还把他的几个小徒弟引到了这里。他们五个人连闯十一道作文关口，来到我们身边，首先让我们以最响亮的魔法棒噼啪声迎接他们五个人的到来！"说话的是坐在主席台最中间的一位戴着黑色面纱的高大巫师，五个人抬起头使劲看才能够看到他的头在哪里。

大厅里，小精灵们高举着手中的魔法棒，发出震耳欲聋的击节声。五个小伙子站起来敬队礼表示回敬。魔幻堡主大手一挥，大厅里立刻变得鸦雀无声。

"今天来到这里的小精灵们，你们是我们作文魔幻堡的未来，目前正在学习作文的写作。把你们召集到这里，就是让你们痛痛快快地和这五个

小朋友切磋切磋，今天你们可以把你们遇到的困惑大胆地提出来，让他们回答。这就是我们今天的辩论赛。"

"啊？这就是辩论，不分正反方，随便提问，我们成了答记者问了。"

"怎么？五个小伙子不敢应战吗？这是我刚刚临时决定的辩论方式。"魔幻堡主顿了顿说，"小李飞，刚才你不是还要辩向全宇宙吗？"

"这这这……"大家一阵惊讶，堡主连这都知道，魔法世界太可怕了。

"我们才不怕呢！"五个人不约而同地说。

"哈哈哈，有气魄！"魔幻堡主举起大拇指，霎时间大厅里又响起了魔法棒的噼啪声。

"我先来说吧，请问人类的小朋友，作文究竟是素材重要还是技巧重要呢？"一个小精灵举着魔法棒问道。魔法兔悄悄告诉他们，魔法棒这时候就相当于人类的无线话筒，主席台上是不需要话筒的，即使是最小的声音也不用担心最偏远的小精灵听不到。

"这个问题，不同的人会有不同的看法，按照我们帅老师的观点是素材大于技巧。"狄小迪说道。

"是的，这就像做饭，再高明的厨师如果没有食材也不可能做出可口的饭菜，我们人类有句俗语就叫'巧妇难为无米之炊'，这素材就相当于食材，没有素材的话，肯定做不出作文这道'大餐'。"雨小泽补充道。

"我们中华人民共和国成立后文联要召集作家写一部反映土地改革的文艺作品，很多名家大腕都写不出来，只有小学文化水平的高玉宝却写出了自传体小说《高玉宝》，因为他亲身经历过土地改革，这就说明了素材大于技巧。"谢小翔习惯性地又扶了扶眼镜。

"我们帅老师说了，学习写作文就像学习走路，不会有人先教走路技巧的，都是在大人的引导下，在模仿中渐渐走出来的。"小李飞兴致勃勃地说着。

"帅老师还说了这其实和小孩子刚刚学说话一样，没有哪个家长会发神经地教怎样张嘴，怎样发音，也都是在潜移默化中慢慢学会的。"陶小淘得意地望着小李飞，像是在说，谁不知道啊。

"那你们平时都从哪里获得写作素材呢？"一个小精灵刚提出这个问题，魔幻堡主就打断道："五个人类小朋友在闯关时已经解答了这些问题，会议结束后，黑魔使者会把他们的意见整理出来传送到你们的大脑中。"提问题的小精灵立刻坐了下去。

"那你们选材的时候有没有注意事项呢？"坐在最边缘的一个小精灵站起来问道。

"作文选材首在一个新，就是说我们的选材要新颖，不能够人云亦云。别人写过的我们就要想着自己能不能写出新意，如果不能比别人写得更好，那就不要再写了。"狄小迪不假思索地回答道。

"作文选材还要注意小，就是说切口要小，毕竟小学生眼界有限，不能够客观认识大的世界，就要选择身边的小事，以小见大写出独具特色的内容来。"雨小泽补充道。

"作文选材要熟，就是选择自己熟悉的事物去写，只有熟悉的我们才会了解它，才会有内容可写。对于不熟悉的事物，光靠闭门造车是写不出具体可感的内容的。"谢小翔扶了扶眼镜慢悠悠地说着。

"我记得帅老师跟我们说过，作文一定要写真实的故事，只有真实的才能够写出真情实感，先感动自己，然后才能够感动他人。作家叶文玲说过，作文起步离不开借鉴和模仿，但真正打动人心的还是自己呕心沥血的创造。"小李飞说起来也是头头是道。

陶小淘想了想，说："帅老师还说过，作文选材一定要广，不能够局限于某一个范围，就像蜜蜂酿蜜一样，只有广征博采才能有源源不断的写作素材。"

"可是我们的生活圈子非常小，有时候难免有才思枯竭的时候，该如何突围呢？"又一个小精灵站起来提问道。

"其实即使是没有素材可写的时候，也是一种素材。"狄小迪抢道。

"这话怎么说呢？"提问的小精灵显得困惑不解。

"你想啊，当你百思不得其解的时候，怎么也想不到写作素材，你的大脑是不是一直在思考、在寻找？这个思考的过程不就是很好的写作素材

吗？"狄小迪解释道。

"是啊，人的大脑是非常活跃的，即使看着在那里呆坐着，其实已经想到了很远很远。打个比方来说，我们的伙伴陶小淘吧，有时候上课，你明明看着他在位上坐着，也没有做小动作，但是课堂上老师讲的内容他并不明白。为什么？因为他根本就没有在听课，而是在走神，在想着某个好玩的地方，自己什么时候曾经去玩过，都遇到过什么事情等等，既然能够想一节课两节课，那么把这想的内容合理地组织到一块，不就是一篇不错的作文吗？"雨小泽兴致勃勃地讲着，完全没有注意到旁边陶小淘的"万把钢刀"。

"是啊是啊！就比如说小李飞吧，他上课摸摸橡皮，咬咬笔头都能摸一节课，很多时候他就已经把这个橡皮、铅笔头当成了一个个个性鲜明的人物形象去演绎了。"陶小淘斗不过雨小泽，就拿小李飞开涮。

小李飞一听立马来了精神，大声说道："这就好比是陶小淘小时候玩一个芭比娃娃，都能够玩一上午，还自言自语地嘟囔着，其实他是把自己和芭比娃娃当成了故事中的主角，正在和想象中的人物进行对话呢。在他的想象中，他可以和芭比娃娃去历险、去上学、去购物，只要能够想到的故事都可以发生。"

一来一往中，不知不觉辩论赛已经进行了三个多小时，五个小朋友的精彩发言博得了小精灵们的阵阵"噼啪"声。小伙子们一个个精神抖擞，越说越有精神。

"现在我宣布本次辩论赛正式结束，感谢五个人类小朋友的精彩解说，我想各位小精灵一定深深感到不虚此行。"大厅中响起了魔幻堡主的浑厚声音，待大家安静下来之后，他又接着说，"下面以我们作文魔幻堡最隆重的欢迎仪式，迎接五个小伙子的老师——帅老师！"说罢，魔幻堡主带头把手中的魔法棒举向空中，发出一道夺目的光，下面的小精灵们也一起举起手中的魔法棒，所有的魔法棒聚集在一起形成了一条红色的地毯，缓缓在走道里铺开，一直铺到人们看不见的地方。过了一会儿，一阵仙乐由远及近，越来越清晰。紧接着就是由十八个精灵、十八个巫师抬着的一顶翡翠琉璃大轿向大厅走来。轿里面坐着的不是别人，正是五个小伙伴朝思暮想的帅老师。只见帅老师满脸红光，浑身散发着仙气，不断地向大家招手致意。

近了，近了，轿子已经快到主席台了，魔法棒组成的地毯轻轻飞起，稳稳地把帅老师送到主席台魔幻堡主的身边。

"为了庆祝这伟大的胜利，我和帅老师商量决定，聘请帅老师为作文魔幻堡的终身荣誉堡主，五个小伙子为作文魔幻堡的终身讲师。今后他们可以持 VIP 魔法棒，随时来作文魔幻堡做客交流。"说罢，只见四个黑魔使者从天而降，每人手捧一根金碧辉煌的魔法棒出现在五人面前，这时九色鹿也捧着一根金色魔法棒来到他们面前。

在魔幻堡主为五人举行授棒仪式之后，又亲手为帅老师献上一根雕刻有魔幻城堡地图的黄金魔法棒。

师徒六人高高举起手中的魔法棒，红地毯消失了，小精灵们的魔法棒又回到各自手中。大厅里响起一阵阵噼噼啪啪的魔法棒击节声。

这是作文魔幻堡有史以来最热闹的一次盛会，必将书写在作文魔幻堡的魔法宝典中。